DIREITO PARA STARTUPS

da ideação ao exit

Felipe Hanszmann
e Helder Galvão

DIREITO PARA STARTUPS

da ideação ao exit

Felipe Hanszmann
e Helder Galvão

Grafia atualizada segundo o Acordo Ortográfico da Língua Portuguesa de 1990, que entrou em vigor no Brasil em 2009.

Edição: Felipe Damorim e Leonardo Garzaro
Assistente Editorial: Leticia Rodrigues
Arte: Vinicius Oliveira e Silvia Andrade
Revisão: Lígia Garzaro
Preparação: Ana Helena Oliveira
Imagem da Capa: Isabella Navarro e Camila Saito

Dados Internacionais de Catalogação na Publicação (CIP)
(Câmara Brasileira do Livro, SP, Brasil)

G182

Galvão, Helder

Direito para Startups / Helder Galvão, Felipe Hanszmann. – Santo André - SP: Rua do Sabão, 2022.

192 p.; 14 X 21 cm

ISBN 978-65-86460-66-7

1. Direito. 2. Startups. I. Galvão, Helder. II. Hanszmann, Felipe. III. Título.

CDD 340

Índice para catálogo sistemático
I. Direito
Elaborada por Bibliotecária Janaina Ramos – CRB-8/9166

Editora Rua do Sabão
Rua da Fonte, 275 sala 62B - 09040-270 - Santo André, SP.

www.editoraruadosabao.com.br
facebook.com/editoraruadosabao
instagram.com/editoraruadosabao
twitter.com/edit_ruadosabao
youtube.com/editoraruadosabao
pinterest.com/editorarua
tiktok.com/@editoraruadosabao

Nota da Segunda Edição

Nesta segunda edição, os autores trazem atualizações importantes, inclusive com a nova legislação sobre o tema, além de novos gráficos e tabelas ilustrativas.

Apresentam, ainda, dois novos anexos: o primeiro com um panorama mundial das definições das *startups*, pois cada país vem adotando um modelo diferente para defini-las. O segundo, um glossário, com as principais expressões do setor, de modo a auxiliar ainda mais o leitor/empreendedor.

Os autores informam, ainda, que existe um amplo acervo de modelos de contratos e demais artigos complementares a este livro na plataforma de inovação aberta https://openlawyer.com.br/.

Desejamos que esta obra seja útil em sua jornada empreendedora.

Sumário

Prefácio

Diz-se que empreender é como se jogar de um precipício e construir um avião durante a queda.

Embora clichê, a frase resume bem a jornada de uma *startup*. Os desafios são múltiplos e diversos. E, claro, repleto de aspectos jurídicos.

Ter, então, um advogado para chamar de "seu" desde o início é o maior acerto que um empreendedor deve fazer. Basta ver a trajetória das principais empresas bem-sucedidas para notar que esses consultores foram fundamentais para o êxito dos negócios.

Felipe e Helder são dois desses tipos. Caminham em conjunto, opinam e participam ativamente do processo e modelagem de uma *startup*.

São, acima de tudo, rígidos, mas nem tanto. Ousados, mas nem tanto. Audaciosos, mas nem tanto. Propensos ao risco, mas nem tanto. Ou seja, flexíveis e maleáveis quando têm que ser, afinal a jornada de uma *startup* não tolera o pragmático, tampouco o *nonsense*. Ou, valendo-se de outro clichê, nem tanto ao mar, nem tanto à terra.

Este livro nos permite uma leitura linear, tal como o próprio título, da "ideação ao *exit*" de uma *startup*, funcionando como um clássico livro de prateleira. Ou seja, sempre que necessário, vou até ele, embora eu tenha o luxo de acessar os autores diretamente.

Fico na torcida que a obra se torne um *best-seller*, não só pelo sucesso aos autores, como também para o ecossistema de inovação, que terá uma bela contribuição para se desenvolver ainda mais.

Hector Gusmão

CEO da Bolder

Rio de Janeiro, maio de 2022.

Apresentação

O termo *startups* enseja diferentes definições, dependendo do contexto.

Uma das mais famosas é do professor norte-americano Steve Blank, que a define como uma organização temporária em busca de um modelo de negócio repetível e escalável.

Nós, no entanto, preferimos designá-lo como um estado de espírito, atribuível a empresas cuja estrutura e hierarquia contemplem uma certa liberdade, ou até mesmo uma anarquia principiante. Cada uma tem o seu próprio perfil e estilo, dispensando rótulos pré-definidos, o que torna o seu sucesso mais instigante e admirado. Não à toa, estão presentes no nosso dia a dia, impactando a vida de todos nós, tanto pelo aspecto pessoal, quanto profissional, afinal vivemos, respiramos e consumimos *startups*.

É neste espírito que este livro traz um breve relato de toda a jornada da *startup, da ideação ao exit*, sob o ponto de vista jurídico, mas sem juridiquês. Um pouco de tudo aquilo que vivemos na prática, com leves toques de teoria.

Longe, evidentemente, de ser uma obra completa e exaustiva sobre o tema. O objetivo dos autores é, como diria Steve Jobs, parafraseando o *beatnik* Jack Kerouac, de alguma forma fazer a raça humana andar para a frente.

Um especial agradecimento à Escola de Direito da FGV Rio, nossa casa para os devaneios em direito para *startups*, ao colaborador deste texto e amigo David Schechtman, à Ana Luisa Fucci pela revisão da segunda edição, ao Marcos Gadelha pelos atentos comentários, aos nossos familiares, amigos, ao N8 e todos os entusiastas em *startups*.

Os autores

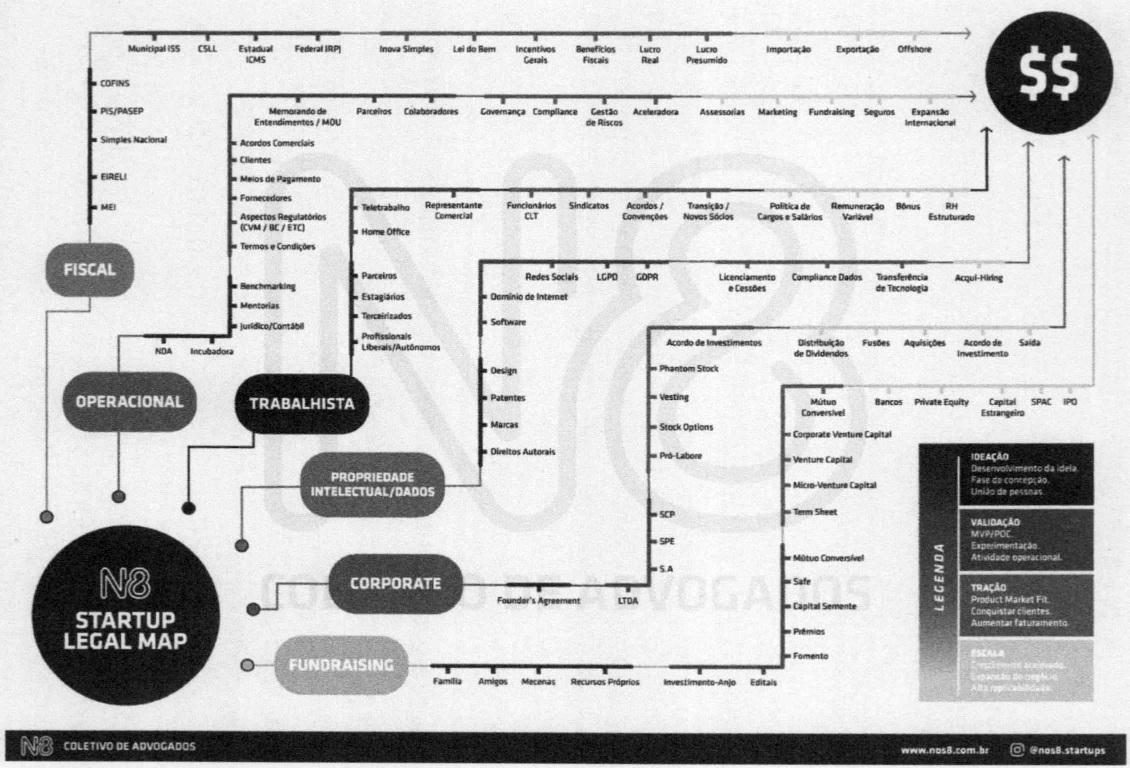

N8 STARTUP LEGAL MAP
$$
FISCAL
COFINS
PIS/PASEP
Simples Nacional
EIRELI
MEI
Municipal ISS
CSLL
Estadual ICMS
Federal IRPJ
Inova Simples
Lei do Bem
Incentivos Gerais
Benefícios Fiscais
Lucro Real
Lucro Presumido
Importação
Exportação
Offshore
OPERACIONAL
NDA
Incubadora
Benchmarking
Mentorias
Jurídico/Contábil
Acordos Comerciais
Clientes
Meios de Pagamento
Fornecedores
Aspectos Regulatórios (CVM / BC / ETC)
Termos e Condições
Memorando de Entendimentos / MOU
Parceiros
Colaboradores
Governança
Compliance
Gestão de Riscos
Aceleradora
Assessorias
Marketing
Fundraising
Seguros
Expansão Internacional
TRABALHISTA
Teletrabalho
Home Office
Parceiros
Estagiários
Terceirizados
Profissionais Liberais/Autônomos
Representante Comercial
Funcionários CLT
Sindicatos
Acordos / Convenções
Transição / Novos Sócios
Política de Cargos e Salários
Remuneração Variável
Bônus
RH Estruturado
PROPRIEDADE INTELECTUAL/DADOS
Design
Patentes
Marcas
Direitos Autorais
Domínio de Internet
Software
Redes Sociais
LGPD
GDPR
Licenciamento e Cessões
Compliance Dados
Transferência de Tecnologia
Acqui-Hiring
CORPORATE
Founder's Agreement
LTDA
S.A
SPE
SCP
Pró-Labore
Stock Options
Vesting
Phantom Stock
Acordo de Investimentos
Distribuição de Dividendos
Fusões
Aquisições
Acordo de Investimento
Saída
FUNDRAISING
Família
Amigos
Mecenas
Recursos Próprios
Investimento-Anjo
Editais
Fomento
Prêmios
Capital Semente
Safe
Mútuo Conversível
Term Sheet
Micro-Venture Capital
Venture Capital
Corporate Venture Capital
Mútuo Conversível
Bancos
Private Equity
Capital Estrangeiro
SPAC
IPO
LEGENDA
IDEAÇÃO
Desenvolvimento da ideia.
Fase de concepção.
União de pessoas.
VALIDAÇÃO
MVP/POC.
Experimentação.
Atividade operacional.
TRAÇÃO
Product Market Fit.
Conquistar clientes.
Aumentar faturamento.
ESCALA
Crescimento acelerado.
Expansão do negócio.
Alta replicabilidade.
N8 COLETIVO DE ADVOGADOS
www.nos8.com.br
@nos8.startups

▶ 1. Concepção de uma *startup*: avaliação de riscos do modelo de negócios e os aspectos regulatórios. Impactos da tecnologia em modelos tradicionais de negócio

1.1. Introdução

Antes de tratar propriamente da avaliação dos modelos de negócios ou do impacto da tecnologia neste meio, é necessário entender o que é uma *startup*.

A Lei Complementar nº 182/2021 (Marco Legal das Startups), sancionada em 1º de junho de 2021, representou uma tentativa legislativa de delimitar o tema. De acordo com o artigo 4º, caput do dispositivo legal, *startups* são "organizações empresariais e societárias, nascentes ou em operação recente, cuja atuação caracteriza-se pela inovação aplicada a modelo de negócios ou a produtos ou serviços ofertados" e o parágrafo primeiro do mesmo artigo traz os requisitos objetivos para este enquadramento.

Inobstante a inovação legislativa, não há consenso técnico sobre o conceito, havendo definições tanto extremamente amplas quanto extremamente restritas. Do primeiro lado deste espectro, há autores que definem uma *startup* como sendo uma empresa jovem que está começando a se desenvolver.[1] Já do outro lado do espectro, há quem utilize um conceito bem mais restrito, limitando o conceito de *startup* não a um estágio de desenvolvimento do modelo de negócios, mas sim a uma

1 Fontinelle, Amy. "O que é exatamente uma *startup*?" *Investopedia, Investopedia*, 3 de dezembro de 2012, www.investopedia.com/ask/answers/12/what-is-a-startup.asp.

empresa cujo modelo de negócios tenha algumas características específicas.

Embora, novamente, não exista consenso sobre quais exatamente seriam essas características, geralmente as utilizadas tendem a ser algo próximo de um modelo de negócios pautado em um produto ou serviço inovador capaz de crescer e ser escalado em alta velocidade.[2] Como forma de efetivar este modelo, algumas outras características acabam surgindo, como, por exemplo, o ciclo de vida de uma *startup* baseada no desenvolvimento de um MVP (*minimum viable product*).

Utilizando este conceito, toda a vida da *startup* estaria baseada na ideia de, com o mínimo possível de recursos, desenvolver um protótipo capaz de ser validado no mercado e, por meio de iterações sucessivas, conseguir escalar o modelo de negócios de forma (preferencialmente) explosiva (vide **Figura 1**).

Figura 1 — Exemplo gráfico mostrando o ciclo de vida de *startups*.

2 Robehmed, Natalie. "O que é uma *Startup*?" *Forbes, Forbes Magazine*, 15 de maio de 2015.

1.1.1. Modelos de negócios em *startups*: tecnologia e regulação

Pelo conceito mais estrito apresentado, *startups* pressupõem escalabilidade, ou seja, devem crescer rapidamente a um custo relativamente baixo. É evidente que a tecnologia pode auxiliar muito essa questão. Um exemplo simples é o uso de programas de computador para realizar tarefas repetitivas em velocidade, muitas vezes, superior à velocidade com que pessoas conseguiriam e sem que ocorram erros humanos. Qualquer modelo de negócio baseado nesse tipo de substituição, principalmente quando não é necessária aquisição de equipamento, tende a ser escalável. Um bom exemplo de produtos nesse gênero são *softwares* financeiros, que permitem a empresas diminuir em muito seu setor financeiro, garantindo acesso fácil a informações que, sem estes sistemas, deveriam ser compiladas manualmente por uma série de empregados, havendo, evidentemente, o risco de serem cometidos erros de digitação, de soma ou até mesmo de serem perdidas informações, isto tudo antes dos dados serem compilados e apresentados. Imagine, por exemplo, uma loja de varejo com alto volume de vendas. Antes, haveria necessidade de alguém vistoriar o caixa, anotar todas as vendas e depois compilar todas as informações coletadas para poder avaliar o resultado do período. Atualmente, qualquer *software* de gestão integrado com o ponto de venda (leia-se: o caixa) é capaz de tirar todas essas informações automaticamente, além de, a depender do nível de sofisticação, fornecer análises relevantes sobre as informações disponibilizadas.

Se, no início do século passado, a padronização dos produtos e serviços era uma necessidade para manter um preço competitivo, condição ilustrada perfeitamente pela seguinte frase de Henry Ford: "*Any customer can have a car painted any colour that he wants so long as it is black.*" (Tradução livre: "qualquer cliente pode ter o carro na cor que desejar, desde que seja preto"),[3] atualmente a realidade não poderia ser outra. A tecnologia permite o desenvolvimento de modelos de negócios chamados de cauda longa, um modelo baseado na distribuição de uma variedade grande de produtos de nicho (leia-se: de baixa demanda) cuja exploração individual não seria rentável para o empreendedor. A exploração deste modelo somente é possível na medida em que não exista custo marginal na exposição de uma variedade extra do produto. Esta condição é quase impossível em casos de bens físicos (pense que simplesmente expor um produto em uma vitrine e mantê-lo em estoque tem um custo de oportunidade para o vendedor).

Contudo, com a evolução da tecnologia, produtos e serviços inteiramente digitais altamente customizáveis podem ser oferecidos simultaneamente, sem que o oferecimento de um produto ou serviço prejudique o oferecimento de outro. Isto somente é possível na medida que pessoas estejam dispostas a adquirir bens incorpóreos, que só passaram a ser prevalentes com o desenvolvimento tecnológico. Compare, por exemplo, a variedade de distribuição entre a defunta Blockbuster (aluguel de mídias físicas de filmes e séries) e a Netflix. É evidente como é muito mais fácil e menos custoso para a Netflix atingir e satisfazer um número muito maior de pessoas, tanto pelo fácil acesso quanto pela maior disponibilidade de opções.

---

3 "A verdade sobre 'qualquer cor, desde que seja preta.'" *Development Experience, OpLaunch,* 1º de maio de 2015, oplaunch.com/blog/2015/04/30/the-truth-about-any-color-so-long-as-it-is-black/.

Atualmente, várias empresas (com ou sem fins lucrativos) já incorporaram esta estratégia a seu modelo de negócios, pode-se citar como exemplo Amazon (em particular com livros digitais), Netflix (filmes), Spotify (música), Reddit (fóruns online de discussão), Wikipédia (artigos sobre temas variados) e outros.

Um terceiro tipo de modelo de negócio possibilitado pela tecnologia é o modelo baseado em intermediação ou plataformas digitais. Pense, por exemplo, no eBay ou, para usar um caso nacional, no Mercado Livre. Nenhuma dessas empresas possui estoque, contudo ambas são referências para busca de produtos. Isto somente é possível pelo uso da tecnologia como um facilitador de relações e, simultaneamente, como um tipo de "casamenteira", unindo pessoas com necessidades complementares que, de qualquer outro modo, provavelmente não acabariam por se encontrar.

Neste sentido, a expressão casamenteira não poderia ser mais ilustrativa, visto que várias das mais estabelecidas empresas com modelos baseados em plataformas digitais estão voltadas a relacionamentos, tais como Tinder e eHarmony, o próprio Youtube, originalmente, era uma plataforma de relacionamentos.[4] Fora do âmbito amoroso, pode-se mencionar também Uber, Amazon (em relação à intermediação que faz com pequenos vendedores) e Ifood.

Evidentemente, que em conjunto com novos modelos de negócios, a tecnologia também criou desafios regulatórios. Parte destes podem ser atribuídos ao fato de que a legislação vigente foi pensada para um cenário no qual a inovação em questão sequer era imaginada, criando, por-

4 Nieva, Richard. "YouTube começou como um site de namoro online". CNET, 14 de março de 2016, www.cnet.com/news/youtube-started-as-an-online-dating-site/.

tanto, uma situação no qual a lei aplicável não é adequada ao caso. Exemplos deste tipo de situação são *fintechs*, *startups* financeiras, ou qualquer empresa que venha a usar *equity crowdfunding*, que, no caso do Brasil, estava no âmbito de regulação da Comissão de Valores Mobiliários (CVM) por causa da definição legal de valor mobiliário, mas somente veio a ser devidamente regulamentado (o que antes impedia esta opção de ser utilizada na prática) em 13 de julho de 2017, pela instrução 588 da CVM.[5]

Por outro lado, também há cenários nos quais não há certeza sobre a incidência de determinada regulação sobre o modelo de negócios desenvolvido. Pode-se mencionar como exemplos as polêmicas do Uber com os taxistas, AirBnB e hotéis e, no caso específico do Brasil, Netflix com canais de televisão nacionais (sobre a necessidade ou não da Netflix respeitar a regra de conteúdo nacional mínimo).

1.1.1.1. Avaliação de risco em *startups*

Não é surpreendente que startups sejam arriscadas. Há uma variedade de estatísticas, confiáveis ou não, mostrando como as *startups* tendem a falhar (vide Figura 2). Deve-se notar que, no Brasil, não há, ainda, nenhum estudo que trate especificamente de *startups* em sentido estrito, porém há relatório recente disponibilizado pela SEBRAE sobre mortalidade de empresas em geral.[6]

---

5 "CVM Regulamenta Crowdfunding De Investimento." CVM, Comissão De Valores Mobiliários, 13 de julho de 2017, www.cvm.gov.br/noticias/arquivos/2017/20170713-2.html.

6 BEDÊ, Marco Aurélio (Coord.). Sobrevivência das empresas no Brasil. Brasília: Sebrae, 2016.

Embora o cenário estatístico seja um pouco mais otimista que algumas fontes poderiam sugerir,[7] ainda é extremamente raro que uma *startup* venha a se tornar, como é a grande *el dourado* de todo empreendedor, um dos novos gigantes da tecnologia. Tão raro esse último que empresas que chegaram a este patamar (aqui conceituado como sendo avaliadas em no mínimo 1 bilhão de dólares) ganharam o apelido de unicórnios (o animal que não existe).[8] Neste sentido, dentre as companhias em estágios iniciais de investimento (investimento anjo, *seed capital*, etc.), somente cerca de 1% tem a possibilidade de se tornar um unicórnio.

1.1.1.2. Lidando com risco em *startups*

O grande problema dos números mencionados anteriormente na seção 1.1.2 é que o tipo de risco de startups é muito diferente do tipo de risco em empresas mais consolidadas. Mais especificamente, startups tendem a estar em cenários de ambiguidade e empreendimentos mais tradicionais tendem a estar em cenários de risco. A literatura de economia diferencia o conceito de risco e ambiguidade. Ambos os conceitos descrevem cenários de eventos incertos, contudo, no caso do risco, são conhecidos os possíveis resultados e a probabilidade de cada um desses resultados se realizar. Por outro lado,

7 Patel, Neil. "90% das startups falham: aqui está o que você precisa saber sobre os 10%." *Forbes, Forbes Magazine*, 2 de setembro de 2015.

8 Rodriguez, Salvador. "A verdadeira razão pela qual todo mundo chama as startups de bilhões de dólares de 'unicórnios'". *International Business Times, Business Times*, 3 de setembro de 2015, www.ibtimes.com/real-reason-everyone-calls-billion-dollar--startups-unicorns-2079596.

há ambiguidade quando não se conhece a probabilidade desses resultados possíveis.[9]

A diferença prática entre esses dois tipos de cenários é que, no primeiro, é possível fazer um planejamento de como lidar com as possibilidades futuras e, ainda, tomar decisões com base nesses cursos futuros. Por outro lado, não é possível realizar este tipo de planejamento em cenários de ambiguidade.[10]

Empiricamente, há poucos estudos estabelecendo quais abordagens podem ser utilizadas para lidar com ambiguidade no cenário de *startups*, porém um estudo feito com 58 *startups* de Shangai conseguiu avaliar algumas estratégias possíveis tendo em vista as especificidades de cada negócio.

Os autores destacam três possibilidades de escolha de cursos de ação para lidar com as incertezas relacionadas ao negócio:

Planejamento de risco tradicional — Esta é a forma mais comum pela qual empresas definem suas abordagens e soluções para lidar com os problemas encontrados no curso do negócio;

Selectionism — Esta é um estilo de ação baseado em desenvolver paralelamente determinadas soluções ou abordagens para a startup, testando todas as escolhidas e, posteriormente, definir a mais efetiva; e

9 Wakker, Peter P. "Teoria da perspectiva: para risco e ambiguidade." Imprenssa da Universidade de Cambridge, 2010.

10 Sommer, Svenja C., Christoph H. Loch, e Jing Dong. "Gerenciando a complexidade e a incerteza imprevisível em startups: um estudo empírico." *Organization Science* 20.1 (2009): 118-133.

Aprendizagem por tentativa e erro — Esta abordagem, conforme definida pelos autores, baseia-se na busca ativa de informações (por meio de testes, elaboração de protótipos, pesquisa de mercado, etc.) e, com base nos dados adquiridos, ajustar e redefinir objetivos, metas e cursos de ação.

Para realizar a escolha entre estes três tipos de abordagem, os autores destacam duas variáveis que podem ser observadas em startups. A primeira variável é o grau de incerteza relacionado ao negócio (ou, usando o termo técnico de economia, o grau de ambiguidade). A segunda variável é o grau de complexidade da startup. De tal modo, quando nenhuma dessas variáveis é alta, é mais recomendado que seja escolhida uma abordagem de planejamento de risco. Neste cenário, a startup é muito próxima de um empreendimento tradicional, no sentido que não há grande incerteza sobre o futuro do negócio.

Quando, contudo, o grau de ambiguidade é elevado e a complexidade não é alta, uma abordagem de aprendizado por tentativa e erro é recomendada, uma vez que os empreendedores estarão em melhores condições de coletar e lidar com as informações, conseguindo desenvolver e modificar o curso de ação à medida que este é executado. Por fim, quando tanto a ambiguidade e a complexidade são elevadas, o *selectionism* tende a ser a abordagem mais indicada, isto porque, se por um lado a ambiguidade implica na necessidade de tentar mais de um curso de ação, a alta complexidade impede que o curso de ação escolhido seja alterado com facilidade ao longo do desenvolvimento. De tal modo, a opção que resta é desenvolver múltiplos cursos de ação simultaneamente e escolher um depois de ter resultados.

Evidentemente, esta abordagem pressupõe que há recursos o suficiente para desenvolver mais de um curso de ação em um cenário de complexidade, o que pode ser uma dificuldade para startups com poucos recursos, e que, mesmo havendo recursos, haverá tempo suficiente para que todas as abordagens sejam testadas satisfatoriamente antes que seja necessário definir um curso de ação único.[11]

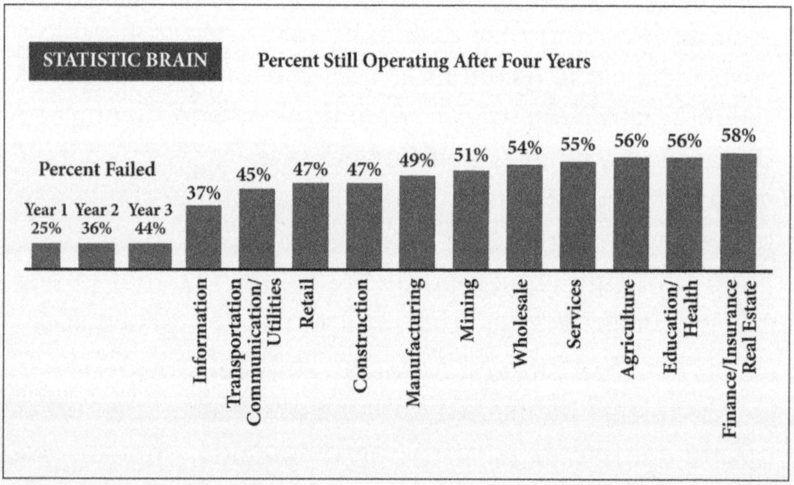

Figura 2 — http://www.statisticbrain.com/startup-failure-by-industry/

11 Sommer, Svenja C., Christoph H. Loch, e Jing Dong. "Gerenciando a complexidade e a incerteza imprevisível em startups: um estudo empírico." *Organization Science* 20.1 (2009): 118-133.

1.1.2. Regulação Assimétrica

Muitas vezes, a inovação da *startup* ocorre não do ponto de vista tecnológico, mas sim do ponto de vista do modelo de negócios. Dessa forma, desde o seu surgimento, a *startup* já opera em um ambiente onde já há concorrentes, contudo de maneira diferenciada.

Esse é o exemplo do Uber e do AirBnB, que desde que surgiram, concorriam diretamente com táxis e hotéis, respectivamente. Portanto, a inovação dessas empresas não foi tecnológica, mas sim na organização empresarial definida. De um ponto de vista prático, o serviço é virtualmente idêntico ao de seus respectivos concorrentes.

Essa nova organização empresarial pode diferenciar a *startup* dos competidores incumbentes, tanto por questões econômicas — por exemplo, a menor necessidade de investimento inicial ou escalabilidade no AirBnB, uma vez que não há necessidade de adquirir imóveis, tal como ocorreria se seu fundador quisesse abrir um hotel — quanto do ponto de vista regulatório. Uma observação que deve ser feita, contudo, é que pode ser importante que o modelo proposto pela *startup* não se diferencie dos seus concorrentes diretos unicamente pela não incidência de uma regulação específica, isso porque esse fator pode ser interpretado como indício de simulação (fraude) para evadir a regulação, o que expõe a *startup* a riscos jurídicos relevantes.

De qualquer modo, estando a *startup* sujeita a uma regulação diversa àquela aplicável aos concorrentes, deve-se ter em mente a possibilidade de serem criados marcos regulatórios no futuro — principalmente se o empreendimento for bem-sucedido —, que podem implicar na necessidade de alteração do modelo de negócios da *startup*, ou até mesmo inviabilizá-lo.

► 2. Propriedade intelectual: mecanismos de proteção das inovações

2.1. Introdução

Antes de haver uma sociedade, há um modelo de negócios e, por trás do modelo de negócios, há uma ideia. Com o crescimento e desenvolvimento da tecnologia, cada vez mais essa ideia por trás do modelo de negócios se torna mais importante, muitas vezes o aspecto mais importante para determinar se uma empresa será bem-sucedida ou não.

Em negócios mais tradicionais, o investimento realizado (pense em uma loja de varejo tradicional, o mais relevante é conseguir o local e os produtos) ou a execução técnica de algum aspecto daquele modelo (pense em um restaurante de luxo, no qual o aspecto mais relevante é a capacidade do *chef* de criar e executar receitas deliciosas) tende a ser mais o relevante. Nestes casos, não há grande relevância no vazamento da ideia subjacente ao modelo de negócios anteriormente a este estar estabelecido, ou seja, não há grande prejuízo para um empreendedor se souberem que ele pretende abrir um restaurante de luxo, por exemplo.

Por outro lado, em empresas que dependem mais de tecnologia ou da vantagem de ser o primeiro, a ideia por trás do negócio pode fazer a diferença entre o sucesso e o fracasso. O exemplo mais icônico do mencionado é a história da fundação do Facebook, retratada no filme "a rede social". O filme retratada o conflito entre Mark Zuckerberg, fundador da rede social, e os gêmeos Winklevoss, que tinham a ideia de informatizar o tradicional livro (ao menos na cultura americana) dos alunos de uma instituição e, por não terem o conhecimento técnico, acabaram por contratar Zuckerberg. Este, por sua vez, acabou por se inspirar ou roubar (este tópico aberto a discussões) a ideia da rede social e criou a sua.

Não é o objetivo neste momento entrar na discussão se a ideia foi roubada ou não. Contudo, o que resta claro é que, na mesma situação dos irmãos, um empreendedor melhor informado poderia ter tomado precauções contra o suposto roubo da ideia.

2.1.1. Origem da propriedade intelectual

Do ponto de vista econômico, a propriedade intelectual e a proteção aos direitos do autor surgiram como forma de incentivar a inovação e a produção de novos conhecimentos. A ideia básica é que conhecimento, ao contrário de outros bens, tem a qualidade de ser simultaneamente não rival e não exclusivo.

Não rivalidade é a característica do bem cujo consumo não impede outros de consumirem. Imagine uma maçã, se alguém consome a maçã, outra pessoa não pode consumir a mesma maçã, o que não ocorre com conhecimento ou espetáculos visuais, o fato de alguém saber algo ou de estar vendo algo não impede outra pessoa de fazer o mesmo.

Semelhantemente, diz-se que algo é não exclusivo quando não há a possibilidade de impedir o acesso ao bem, por qualquer motivo que seja. Imagine o caso de recursos comuns, tais como água, fauna e flora. Nestes, por questões físicas, é impossível (sem que seja inserido algum tipo de barreira artificial, tal como uma cerca) impedir alguém que busque aproveitar da água de tomá-la.

Quando estas duas características estão presentes em um bem, diz-se que é um bem público. Conhecimento é um exemplo clássico de bem público.

A grande questão com bens públicos é que, por causa do chamado *free-rider problem* ou problema do carona, a sociedade não produz, em condições normais, a quantidade ótima desses bens. De tal modo, é necessário algum tipo de intervenção. Uma primeira abordagem é custear o bem público com recursos públicos (ou seja, o Estado presta o serviço ou fornece o bem), é o que se faz com segurança pública, que é, tipicamente, custeada pelo Estado.[12]

Outra abordagem é tornar o bem em questão rival ou exclusivo. Esta é a solução aplicada no caso do conhecimento. De tal modo, para incentivar a produção de conhecimento, o Estado garante o monopólio temporário sobre esta para seu autor. O mecanismo utilizado pelo Estado para tal é a propriedade intelectual.

2.1.1.1. Propriedade intelectual

A propriedade intelectual é a área do direito que busca, por meio da concessão de propriedade e monopólio sobre determinado conhecimento ou obra para o autor, incentivar a inovação. Contudo, se a propriedade intelectual incentiva inovação, isto ocorre a um custo de que aquele conhecimento estará indisponível somente por determinado tempo e, posteriormente, poderá ser

12 Baumol, William J. "Economia do Bem-Estar e a Teoria do Estado." A enciclopédia da escolha pública. Springer EUA, 2004. 937-940.

livremente utilizado pela sociedade como um todo. De tal modo, assim como é importante para o Estado garantir que as pessoas respeitem a propriedade que o autor ou titular tem sobre o bem intelectual, é igualmente importante evitar abusos sobre este mecanismo, de modo que o particular não consiga impedir que o conhecimento que produziu e teve monopólio dentro dos limites da lei chegue ao público. Afinal, a propriedade intelectual como instituto somente tem razão em existir na medida em que seja limitada e que permita que a sociedade venha a, eventualmente, usufruir daquele conhecimento.

Como consequência do anterior, são estabelecidos requisitos para que determinado bem seja protegido no âmbito da propriedade intelectual. O primeiro ponto é que não são protegidas ideias pura e simplesmente. Somente a partir do momento que a ideia tomou corpo ou é expressa de algum modo que poderá ser protegida. De tal forma, voltando ao caso dos irmãos Winklevoss, poderiam ter se acautelado desenvolvendo os detalhes do projeto e expondo-os em algum meio, físico ou digital. Outra opção teria sido a criação de um MVP (*minimum viable product*). Este, por dar corpo e funcionamento (mesmo que de modo rudimentar) a ideia, já a imbui com os requisitos necessários para que venha a ser protegida como propriedade intelectual.

Nota-se que não é necessário que uma ideia venha a ser absolutamente nova para ser protegida. Pensa-se, por exemplo, em romances que, por séculos já, vem seguindo estruturas narrativas extremamente semelhantes. Pode-se destacar, por exemplo, os sete enredos narrativos básicos estabelecidos por Christopher Booker em seu livro "*The seven basic plots: Why we tell stories*", que são, sete estruturas de histórias que se repetem em quase (se não em todas) as peças narrativas, independentemente do meio.[13] Outro exemplo, mais humorístico, que pode ser destacado é o da Figura 3, que compara o enredo do filme *Avatar* do diretor James Cameron com o do filme *Pocahontas*, da Disney.

De forma alguma está se argumentando que *Avatar* é um plágio de *Pocahontas*, mas sim que a criação intelectual não acontece no vácuo, depende de inspirações e de elementos diversos alheios ao autor.

O direito reconhece esta realidade e, certamente, não exige que uma ideia seja nova para ser protegida, mas sim que seja fixada em um suporte (tangível ou intangível) e que seja original. Neste sentido, é evidente que a linha entre originalidade e cópia — entre inspiração e plágio — é tênue. E).[14]

Neste sentido, tratando do mercado de *startups*, é extremamente comum ver modelos de negócios bem-sucedidos replicados por concorrentes no mesmo âmbito territorial. Pode-se citar como exemplo o Uber, copiado pelo Cabify e pelo 99Pop, ou, no caso de aplicativos de relacionamento, Tinder, que teve seu conceito básico copiado e adaptado a um nicho específico ou a demandas específicas por diversos outros aplicativos, as vezes para resultados absurdos ou cômicos, como é o exemplo do aplicativo *Trump Singles*, voltado para apoiadores do ex-presidente dos Estados Unidos Donald Trump, *Hater*, que une pessoas com base no que os parceiros em potencial odeiam em comum, ou *Feeld*, voltado para pessoas com interesses românticos mais grupais.[15]

---

13 Booker, Christopher. "Os sete enredos básicos: por que contamos histórias." A&C Black, 2004.

14 GRANT, Adam. *Originais*. Ed. Sextante. 2016.

15 Gilmore, Lauren. "7 sites de namoro de nicho para tornar o dia dos namorados menos decepcionante." *The Next Web, The Next Web*, 14 de fevereiro de 2017, thenextweb.com/apps/2017/02/14/7-niche-dating-sites-make-valentines-day-less-disappointment/#.tnwgGc2VKYX.

Como o exemplo dos aplicativos de relacionamento ilustra, a própria ideia, seu aproveitamento comercial, métodos relacionados, planos e outros esquemas, tudo que não for original e fixado em suporte está fora do âmbito da propriedade intelectual.

Neste sentido, vale mencionar que a proteção ao direito intelectual é automática, contudo é permitido que fossem arquivados em registros específicos (a depender do caso) a criação intelectual. Esta é uma prática que vem se tornado comum entre *legaltechs* que, com o objetivo de poder provar antecedência, realizam o depósito de seus dados criptografados em cartórios de títulos e documentos. Para marcas, patentes e *softwares* é fortemente recomendado que seja realizado o registro no Instituto Nacional de Propriedade Intelectual (INPI).

Para a constituição da proteção, somente é necessário o registro no caso de marcas e patentes. Nos demais casos, não há obrigatoriedade de registro, porém é um meio probatório eficaz. De tal modo, embora qualquer outro tipo de exposição pública já seja suficiente para configurar a proteção legal, o depósito é uma forma segura de estabelecer antecedência.

O INPI, por meio da Portaria INPI/PR nº 365, de 13 de novembro de 2020, regulamentou o procedimento de comunicação de Empresas Simples de Inovação para fins de registro de marcas e de concessão de patentes, no âmbito do regime Inova Simples.

Mediante cadastro prévio no e-INPI, startups enquadradas no regime do Inova Simples terão seus pedidos de registro de marca e patentes analisados em caráter prioritário, contanto que, no ato do depósito, seja anexada a cópia da certidão emitida pelo Redesim.

2.1.1.2. Confidencialidade ou circulação?

Uma dúvida comum entre empreendedores é sobre a divulgação das ideias. O consenso é de que é importante para o sucesso de *startups* que as ideias circulem, ou seja, que os autores possam ouvir a opinião de outros, comparar o que têm em mente com o que outros empreendedores pensam. Isto é extremamente importante uma vez que facilita a incorporação de sugestões e o aprimoramento de uma ideia original. É muito comum que o trabalho e a dedicação excessiva a determinado projeto acabem por causar uma espécie de miopia em relação a possíveis falhas ou potencialidades de aprimoramento.

Evidentemente, há uma preocupação de que outras pessoas possam "roubar" a ideia. Contudo, há muitos que argumentam que a ideia em si não é de muito válida no contexto de startups, mas sim a capacidade que a equipe tem de executar a ideia de maneira eficaz. De tal modo, executar e tornar operacional a ideia é o que acaba por gerar valor ou interesse.[16]

Apesar do anterior, ainda há quem opte por desenvolver seus projetos ocultamente, ao menos até o MVP ser lançado ou ocorrer alguma outra forma de validação da ideia. Estas startups, que vieram a ganhar o apelido de *stealth startups* (startups ocultas) buscam, por meio da confidencialidade, prolongar ao máximo a entrada de outro competidor no mercado ou ainda que algum competidor venha a entrar no mercado antes, custando assim para a startup a vantagem de ser o primeiro. Um exemplo disto é o *Segway* — o diciclo, ou seja, transporte de duas rodas lado a lado —, que teve sua produção

16 BENVENUTTI, Maurício. *Os Incansáveis*. Ed. Gente. 2016.

inicial limitada a poucos indivíduos e, curiosamente, acabou por incorporar poucas sugestões dos funcionários no projeto lançado inicialmente. O resultado desta postura foi prejudicial para o sucesso do produto e para o deslanche comercial do mesmo.[17]

Por outro lado, o excesso de divulgação, principalmente antes da execução, também deve ser evitado. Primeiramente por uma questão de imagem e reputação. Há uma visão de que muito da comunidade de startup é mais propaganda do que efetivamente ação, o que torna algumas pessoas mais experientes no mercado mais cautelosas em relação ao excesso de divulgação.

Em segundo lugar, também há casos nos quais realmente a ideia acabou por ser roubada. Pensa-se no surgimento do Ipad, da Apple. O que ocorreu foi que um empregado da Microsoft, durante o desenvolvimento de um *tablet* no qual trabalhava, divulgava constantemente a terceiros aspectos do projeto e gabava-se de como o projeto iria revolucionar o mundo. Steve Jobs, um dos terceiros que ouviu essas falas, acabou por ficar interessado e buscou, pela Apple, desenvolver a mesma ideia, que acabou por se tornar o Ipad.[18]

2.1.1.3. Pivotagem

Embora os unicórnios dos negócios sejam os mais prevalentes no imaginário popular, estes, como mencionado anteriormente, são extremamente raros. Por outro lado, somente é necessário um único acerto de empresa

17 GRANT, Adam. *Originais*. Ed. Sextante. 2016.

18 ISAACSON, Walter. Steve Jobs. Ed. Companhia das Letras. 2011.

para os fundadores. De tal modo, uma estratégia extremamente comum é a chamada pivotagem ou giro de pivô.

Esta estratégia consiste, basicamente, em face de novas informações ou de fracassos, readaptar a ideia original em busca de uma ideia que acabe por dar certo.[19] Esta busca por alternativas se adequa também a abordagem de aprendizado por tentativa e erro mencionada por Sommer *et al* ao tratar de metodologias que podem ser utilizadas para lidar com os riscos em *startups*,[20] além de ser uma opção e postura de negócios muito bem aceita no Vale do Silício[21] e produzir resultados.

Como mencionado anteriormente, o Youtube originalmente era um site de relacionamentos[22] e o Instagram originalmente era um serviço de geolocalização e se chamava Burbn em homenagem ao *whisky Bourbon*.[23]

O ponto destes exemplos é que o acerto em startups não acontece em uma única tentativa, mas sim em sucessivas adaptações e reconstruções da ideia original. De tal modo, é importante saber o momento no qual, independentemente do apego que se tenha a uma ideia original, esta deve ser adaptada em prol do sucesso do projeto. Contudo, nada impede que, se for o caso, a ideia original acabe por permanecer quase que inalterada durante todo o processo da *startup*.

Durante essas reinvenções da ideia, é importante que cada melhoria, adaptação ou até completa alteração

19 PISCIONE, Deborah. Os Segredos do Vale do Silício. Ed. HSM. 2017.

20 Sommer, Svenja C., Christoph H. Loch, e Jing Dong. "Gerenciando a complexidade e a incerteza imprevisível em startups: um estudo empírico." *Organization Science* 20.1 (2009): 118-133.

21 RIES, Eric. *A Startup Enxuta*. Ed. Leya. 2011.

22 Nieva, Richard. "YouTube começou como um site de namoro online." *CNET*, 14 de março de 2016, www.cnet.com/news/youtube-started-as-an-online-dating-site/.

23 VILICIC, Filipe. *O Clique de Um Bilhão de Dólares*. Ed. Intrínseca. 2015.

do conceito original seja devidamente registrado e depositado junto a órgãos governamentais para que se consolide e fortaleça a proteção da criação perante terceiros, principalmente os que tiveram acesso a alguma dessas interseções ao longo do tempo.

Neste mesmo sentido de proteção da ideia da startup, além do argumento com base na propriedade, no plágio e de violação do direito autoral ou da propriedade intelectual, há o argumento no âmbito da concorrência desleal.

Quem vier a ter tido contato com a ideia antes da divulgação ou durante seu desenvolvimento e agir com o objetivo direto ou indireto de a utilizar para si ou para causar prejuízo a startup original utilizando-se do conhecimento que obteve unicamente em razão de seu acesso prévio à ideia violará a lei.

Evidentemente, não se espera que qualquer empregado, sócio ou investidor (atual ou não) venha a cometer atos de concorrência desleal, porém é uma situação que acaba por acontecer, principalmente em cenários nos quais há muito envolvimento emocional, como normalmente é o caso de startups.

Pela lei, considera-se que ocorreu a conduta de concorrência desleal a partir do momento em que o agente (novamente, qualquer um que venha a ter tido acesso a informações confidenciais de empresa) pratique qualquer tipo de ação com base no conhecimento da startup para ganhar qualquer tipo de vantagem indevida (lucro ou clientes).

Como se pode esperar, há certa margem de discussão sobre o que poderia ou não vir a ser considerado concorrência desleal, o que poderia ser feito para mitigar este risco.

2.1.2. Memorando de entendimentos

Considerando que muitas vezes não há o interesse nem a possibilidade de se utilizar recursos para iniciar a empresa, pelo menos no momento inicial, a criação de uma estrutura jurídica (leia-se, a constituição de uma sociedade) pode ser excessivamente onerosa, principalmente se considerados os custos e a burocracia envolvidos.

Uma opção que pode ser utilizada para evitar estas barreiras é a celebração de um memorando de entendimentos (*memorandum of understandings* ou MOU, em inglês). O MOU é um contrato atípico, ou seja, não possui regulamentação específica, que pode ser celebrado entre quaisquer partes. No contexto de *startups* e buscando proteger os bens intelectuais do negócio, pode-se celebrar o MOU entre os fundadores da empresa, independentemente de qualquer formalidade, em particular do registro em órgãos governamentais. Vale mencionar que, neste contexto, o contrato também pode receber outros nomes, tais como Acordo de Associação, Memorando de Entendimentos para Constituição de Sociedade, *Pre-shareholder Agreement, Founders' Agreement* e outros. O fato é que, por não haver regulamentação específica, o título do contrato é irrelevante para sua eficácia jurídica.

Na prática, o que os fundadores estabelecem neste contrato são os direitos e obrigações que serão aplicáveis na hipótese de virem a constituir uma sociedade. Este compromisso pode não ter nenhum tipo de prazo, caso no qual o contrato viria a ter pouca efetividade, ou estar condicionado a algum evento futuro certo ou incerto (leia-se, não é necessária a certeza que o evento futuro venha a ocorrer). As opções são muitas c só dependem do acordado entre as partes, podendo ser, entre outros, a captação de recursos de terceiros, depósito de alguma patente no INPI, elaboração e aprovação de plano de negócios, até que os fundadores possam se dedicar exclusivamente a startup, o simples decurso de tempo (um ano após a assinatura, por exemplo), entre outros.

O ponto é que os fundadores podem eleger qualquer tipo de evento, sendo comum que seja escolhido alguma ocorrência relevante para o sucesso da *startup* ou algum tipo de requisito que antes não existia.

2.1.2.1. Elementos essenciais para o MOU

Apesar de toda a liberdade que os fundadores têm para redigir e elaborar o MOU, este ainda é um contrato, possuindo, portanto, algumas exigências legais. Nominalmente, as exigências são partes capazes, objeto lícito e forma prevista em lei, sendo que, por ser um contrato atípico, não há previsão de forma.

Estes requisitos legais são relativamente simples de serem cumpridos, contudo há outros pontos de atenção que, apesar de não obedecerem a qualquer critério determinado, são relevantes no momento de celebrar o MOU em questão.

Primeiramente, é muito importante que seja descrita a atividade que a sociedade virá a exercer, além da determinação da participação de cada sócio fundador no capital desta sociedade. O percentual de cada fundador no capital social da sociedade determina seu poder de voto nas deliberações e, consequentemente, na condução do negócio. De tal modo, havendo conflitos e divergência de opiniões, a participação de cada sócio virá a ser extremamente relevante para a resolução do caso. Como se verá mais adiante, algumas matérias específicas exigem a aprovação por um quórum mínimo de sócios, de tal modo, a depender do número de sócios e da proporção de quotas ou ações distribuídas entre eles, pode-se estar atribuindo poder de veto ou até mesmo o poder de, isoladamente, decidir sobre determinadas matérias a algum dos sócios.

O segundo aspecto importante da participação é que, em conjunto com o poder de voto na sociedade, a participação no capital social também corresponde à obrigação do sócio em relação a aportes financeiros e no direito do sócio na retirada de lucro ou do recebimento de valor pela venda da startup para terceiro.

De tal modo, deve-se atentar também para a escolha e número de sócios. Fala-se isto pois, além de complexificar a relação no dia a dia da sociedade, na hipótese de investimento por algum terceiro que exija participação na sociedade, este poderá ficar receoso ao se deparar com um número elevado de sócios ou, até mesmo, pode acabar por adquirir uma influência desproporcional no negócio em razão da diluição da participação dos fundadores. Uma forma de mitigar estes problemas é por meio da elaboração de um acordo de quotistas ou acionistas, documento que será tratado mais adiante.

Passando da questão da participação societária, também pode ser relevante determinar a obrigação de aporte de cada fundador, o tipo societário e o enquadramento fiscal da sociedade. Não é obrigatório nem essencial que estas decisões já constem no MOU, porém deve-se lembrar que toda negociação que for adiantada neste primeiro momento significa tempo economizado quando a sociedade vier a ser constituída.

Tratando especificamente de propriedade intelectual, pode ser relevante celebrar ou determinar que, no momento de constituição da sociedade, um contrato de cessão dos direitos sobre os bens intelectuais envolvidos no negócio (*software* em desenvolvimento, marcas, patentes, etc.) dos quais sejam titulares os fundadores. Além de concentrar esses ativos na sociedade melhorando assim sua avaliação econômica, estas transferências são relevantes uma vez que não se pode esperar que um fundador fique permanentemente na sociedade. De tal modo, elimina-se o risco de que, deixando um dos sócios de participar da sociedade, a empresa não possa mais operar pela falta da titularidade da propriedade intelectual de seus ativos. Vale mencionar que no contexto de investimento em *startup*, manter todos os bens intelectuais devidamente registrados e com titularidade com a sociedade é de extrema relevância para qualquer investidor.

Tratando da saída de sócios, é importante que seja facultado aos sócios deixarem de estar associados ao projeto, uma vez que a lei veda qualquer obrigação que mantenha alguém permanentemente associado a algo. Neste mesmo sentido, é relevante que seja prevista a hipótese de excluir o sócio da sociedade em caso mais extremos nos quais o comportamento deste venha a criar um empecilho para o sucesso do negócio. Para que seja válida a cláusula é necessário que as hipóteses sejam ao máximo descritas no contrato, de modo que seja fácil verificar a ocorrência destas. Deve-se lembrar também que é importante garantir, no âmbito dessa exclusão, tanto que o sócio saia com os recursos que lhe são devidos para não configurar enriquecimento ilícito da sociedade (há uma ampla gama de possibilidades de critérios que deixariam algum recurso com o sócio sem que seja configurado enriquecimento ilícito da sociedade, o importante é que o sócio seja ressarcido ao menos pelo valor de suas quotas, caso as tenha integralizado) e que seja garantido ao sócio os direitos de ampla defesa e contraditório, ou seja, é importante que seja facultado ao sócio excluído se defender de qualquer imputação, não sendo “pego de surpresa” pela notícia de que não mais faz parte daquela sociedade.

Em relação às hipóteses que podem ser elencadas como justas causas para a exclusão, há várias possibilidades que podem ser listadas, tais como deixar de realizar os aportes combinados, não participar ativamente do negócio, divulgar informações confidenciais, etc.

Por fim, também é relevante que seja estabelecido prazo no MOU (mesmo que este prazo venha a ser renovado automaticamente). Isto para evitar que o contrato seja simplesmente rescindido por perder a validade. Novamente, a lei não permite que a pessoa fique permanentemente obrigada a qualquer acordo, de tal modo, não havendo prazo, qualquer parte pode sair do MOU quando quiser.

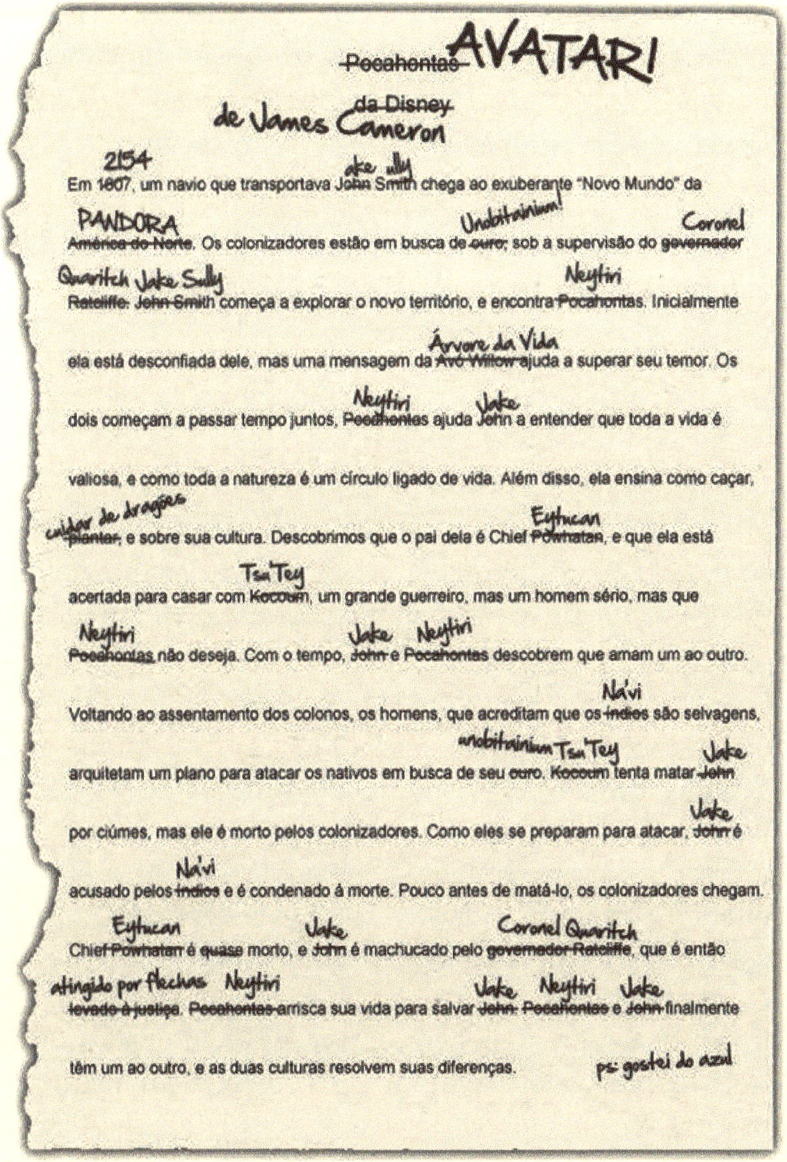

AVATAR! ~~Pocahontas~~

de James Cameron ~~da Disney~~

Em 2154 ~~1607~~, um navio que transportava Jake Sully ~~John Smith~~ chega ao exuberante "Novo Mundo" da PANDORA ~~América do Norte~~. Os colonizadores estão em busca de Unobtainium! ~~ouro~~, sob a supervisão do Coronel Quaritch ~~governador Ratcliffe~~. Jake Sully ~~John Smith~~ começa a explorar o novo território, e encontra Neytiri ~~Pocahontas~~. Inicialmente ela está desconfiada dele, mas uma mensagem da Árvore da Vida ~~Avó Willow~~ ajuda a superar seu temor. Os dois começam a passar tempo juntos. Neytiri ~~Pocahontas~~ ajuda Jake ~~John~~ a entender que toda a vida é valiosa, e como toda a natureza é um círculo ligado de vida. Além disso, ela ensina como caçar, cuidar de dragões ~~plantar~~, e sobre sua cultura. Descobrimos que o pai dela é Chief Eytucan ~~Powhatan~~, e que ela está acertada para casar com Tsu'Tey ~~Kocoum~~, um grande guerreiro, mas um homem sério, mas que Neytiri ~~Pocahontas~~ não deseja. Com o tempo, Jake ~~John~~ e Neytiri ~~Pocahontas~~ descobrem que amam um ao outro. Voltando ao assentamento dos colonos, os homens, que acreditam que os Na'vi ~~índios~~ são selvagens, arquitetam um plano para atacar os nativos em busca de seu unobtainium ~~ouro~~. Tsu'Tey ~~Kocoum~~ tenta matar Jake ~~John~~ por ciúmes, mas ele é morto pelos colonizadores. Como eles se preparam para atacar, Jake ~~John~~ é acusado pelos Na'vi ~~índios~~ e é condenado à morte. Pouco antes de matá-lo, os colonizadores chegam. Chief Eytucan ~~Powhatan~~ é ~~quase~~ morto, e Jake ~~John~~ é machucado pelo Coronel Quaritch ~~governador Ratcliffe~~, que é então atingido por flechas ~~levado à justiça~~. Neytiri ~~Pocahontas~~ arrisca sua vida para salvar Jake ~~John~~. Neytiri ~~Pocahontas~~ e Jake ~~John~~ finalmente têm um ao outro, e as duas culturas resolvem suas diferenças.

ps: gostei do azul

Figura 3 — https://cinemmaster.com/2010/02/23/avatar-e--baseado-em-pocahontas/

► 3. Formação da equipe das *startups*. Incentivos de Longo Prazo. Planos de opção de compra de ações (*stock option*). Contrato de *vesting*. Cláusulas de não competição e não solicitação.

3.1. Incentivos de Longo Prazo. Planos de opção de compra de ações (*Stock Option*)

Os planos de incentivo de longo prazo são ferramentas bastante úteis para atrair e reter talentos, além de alinhar interesses entre sócios e executivos.

Estão intimamente ligados ao conceito de *Partnership*, pelo qual se busca fazer sócios aqueles indivíduos que efetivamente contribuam para o crescimento de um determinado negócio[24].

Dentre os formatos mais populares estão o *Vesting* e o *stock option plan* (ou plano de opção de compra). Em geral, o primeiro está associado a programas em que o beneficiário receba uma participação na empresa em decorrência do cumprimento de uma meta ou entrega, enquanto o segundo consiste em mecanismos contratuais concedidos a empregados e executivos pela empresa que outorgam uma opção de compra de ações (ou seja, o detentor desse direito poderá, satisfeitos os requisitos contratuais acordados, comprar ações da companhia a um preço determinado). Ou seja, a principal diferença entre ambos está ligada à existência ou não de desembolso pecuniário por parte do beneficiário para aquisição da respectiva participação, caso cumpra as metas combinadas.

24 Um dos casos mais famosos é o do banco de investimentos Goldman Sachs, retratado no livro *A parceria: a formação do Goldman Sachs*, de Charles Ellis.

O objetivo principal deste tipo de contrato é, além de atrair e reter pessoas talentosas, alinhar os incentivos, evitando problemas de agência.

Em relação a retenção e atração de talentos, é evidente que a possibilidade de os empregados ganharem uma participação na sociedade em condições favoráveis é uma perspectiva atraente pois cria um vínculo mais forte entre o desempenho do empregado e o retorno que este recebe da sociedade.

Além disso, como mencionado, os planos de incentivo de longo prazo reduzem os chamados problemas de agência. Quando há uma relação de agência, ou seja, há um principal e um agente, que pode agir em nome do principal, e, nesta relação, há a possibilidade de o agente, ao atuar supostamente em nome do principal, privilegiar seu interesse em desfavor do interesse do principal. Por exemplo, o interesse de um advogado é maximizar sua renda e do cliente é resolver seu problema com o menor custo possível. Se o advogado cobra por hora, tem o incentivo para tomar mais tempo que o necessário para realizar a tarefa, visto que aumentará seu pagamento.

Situações semelhantes podem acontecer no âmbito de uma relação de emprego ou entre a sociedade e um de seus executivos. Uma forma de mitigar este problema é alinhar os interesses, ou seja, se o empregado ou executivo também tem um ganho pessoal quando a empresa vai bem, este possui o incentivo de se dedicar mais ao trabalho.

Os planos de incentivo de longo prazo ainda têm o efeito de aumentar a produtividade dos empregados. Isto é um efeito direto da redução dos conflitos de interesse e alinhamento de incentivos entre a empresa e o empregado.

Uma prática que tem se tornado cada vez mais comum no mercado é a metodologia baseada em meritocracia utilizando os planos de incentivo para alinhar expectativas a longo prazo do empregado e empregador. Neste sentido, é comum que o *stock option* seja incluído no próprio plano de remuneração do funcionário, reduzindo-se a base salarial fixa e incluindo o componente variável do *stock option*, de modo que a remuneração do empregado possa ser aumentada em função do crescimento e desempenho da empresa.

Nacionalmente, a Lei das Sociedades por Ações (L.6.404/76) já previa em seu artigo 168, §3º a possibilidade de *stock option*, contudo, somente nos anos 90 que este mecanismo começou a ser desenvolvido no Brasil, em função do contato do mercado interno com empresas estrangeiras.

3.1.1. Objetivo

Como mencionado anteriormente, os planos de incentivo de longo prazo objetivam alinhar os interesses entre empregado e empregador ao estimular, além de uma postura mais ativa por parte do empregado, um elo mais forte entre estas partes, de modo que o empregado venha a se dedicar pelo crescimento da empresa como se fosse um investidor.

3.1.1.1. Base legal

Especificamente em relação a planos de opção de compra de ações, conforme mencionado acima, a Lei das

Sociedades por Ações prevê, em seus artigos 168, §3º e 166, inciso III, a figura da opção de compra:

Art. 168. O estatuto pode conter autorização para aumento do capital social independentemente de reforma estatutária.

(...)

§ 3º O estatuto pode prever que a companhia, dentro do limite de capital autorizado, e de acordo com plano aprovado pela assembleia-geral, outorgue opção de compra de ações a seus administradores ou empregados, ou a pessoas naturais que prestem serviços à companhia ou a sociedade sob seu controle.

Art. 166. O capital social pode ser aumentado:

(...)

III - por conversão, em ações, de debêntures ou parte beneficiárias e pelo exercício de direitos conferidos por bônus de subscrição, ou de opção de compra de ações;

Uma observação que deve ser feita é que, normalmente, o aumento de capital é uma competência reservada à Assembleia Geral da Companhia, a quem cabe determinar o valor e as condições do aumento. Contudo, na prática, há duas situações especiais nas quais a Assembleia Geral tende a delegar parte de sua competência relacionada ao aumento do capital. A primeira é o capital autorizado,[25] que é, basicamente, um aumento pré-aprovado que será consolidado a critério da administração da Companhia. A segunda situação está relacionada justamente com os aumentos de capital decorrentes de planos de opção de compra, cujos termos gerais são aprovados em assembleia geral pelos acionistas ou sócios e detalhes tais como a definição de beneficiários e a proporção do aumento que caberá a cada um destes, geralmente é delegada a outros órgãos da sociedade (em regra, ao Conselho de Administração ou a um comitê específico).

Outro ponto importante é que a legislação afasta o direito de preferência que cabe ao acionista em casos de aumentos decorrentes do exercício da opção de compra. Não poderia ser diferente, uma vez que, se o acionista pudesse exercer a preferência, as ações do aumento não seriam integralizadas pelos beneficiários do *stock option*, o que simplesmente acabaria com o benefício. Esta restrição ao direito de preferência pode ser encontrada no artigo 171, §3º da LSA:

Art. 171. Na proporção do número de ações que possuírem, os acionistas terão preferência para a subscrição do aumento de capital.

§ 3º Os acionistas terão direito de preferência para subscrição das emissões de debêntures conversíveis em ações, bônus de subscrição e partes beneficiárias conver-

---

25 LSA – Art. 168. O estatuto pode conter autorização para aumento do capital social independentemente de reforma estatutária.
§ 1º A autorização deverá especificar:
a) o limite de aumento, em valor do capital ou em número de ações, e as espécies e classes das ações que poderão ser emitidas;
b) o órgão competente para deliberar sobre as emissões, que poderá ser a assembleia-geral ou o conselho de administração;
c) as condições a que estiverem sujeitas as emissões;
d) os casos ou as condições em que os acionistas terão direito de preferência para subscrição, ou de inexistência desse direito (artigo 172).
§ 2º O limite de autorização, quando fixado em valor do capital social, será anualmente corrigido pela assembleia-geral ordinária, com base nos mesmos índices adotados na correção do capital social.

síveis em ações emitidas para alienação onerosa; mas na conversão desses títulos em ações, ou na outorga e no exercício de opção de compra de ações, não haverá direito de preferência.

3.1.1.2. *Stock option* em Sociedades Limitadas

Não há previsão legislativa expressa que permita o uso de *stock option* em sociedades limitadas. Contudo, desde que devidamente previsto no contrato social e a sociedade tenha regência supletiva pelas normas de S.A., a possibilidade é amplamente aceita.

Uma ressalva que deve ser feita é que será necessário fazer algumas alterações nos mecanismos para consolidação do aumento de capital decorrente do exercício das opções de compra em limitadas. Isto porque não é possível nesse tipo de sociedade um capital autorizado. É possível que sejam celebrados instrumentos contratuais com os sócios nos quais estes se obrigam a, nos termos da opção de compra em questão, aprovar o aumento. Contudo, esta opção é um pouco mais lenta burocraticamente, uma vez que, preenchidas as condições para o exercício da opção, não ocorre o aumento automaticamente.

3.1.2. Tipos de Planos de Incentivo de Longo Prazo

Os diferentes tipos de incentivos de longo prazo capturam propósitos distintos de motivação do empregado, além de diferentes riscos. Listamos abaixo os principais programas de incentivo a longo prazo utilizados pelas empresas brasileiras:

Stock option (*stricto sensu*) — consiste em outorga de opção de compra de ações para o beneficiário, que poderá optar, nos termos da opção, por adquiri-las ou não. Em caso positivo, o beneficiário vem a efetivamente se tornar sócio da empresa;

Phantom stock option — consiste em pagamento de bônus lastreado na valorização do preço da ação da Companhia. De tal modo, o beneficiário terá direito à diferença entre o valor da ação e o valor de exercício, tal qual se tivesse comprado as ações. Contudo, não há nenhum tipo de transferência de ações e, consequentemente, o beneficiário não se torna sócio.

Vesting – assim como no caso do *stock option* (*stricto sensu*), há uma efetiva transferência das ações para o beneficiário, contudo, a participação é transferida ao longo do tempo, como forma de minimizar o risco de o empregado virar sócio e se desligar da empresa, em contrapartida pelo cumprimento de determinadas metas. A este mecanismo se dá o nome de *vesting*. De tal modo, neste tipo de incentivo de longo prazo se estabelece um período de carência entre o momento que o empregado recebe o direito e o momento que pode vir a ser exercido.

Interessantemente, este período de carência também auxilia a alinhar os incentivos da empresa e do empregado temporalmente. Isto ocorre na medida em que, se o empregado pudesse exercer imediatamente a opção de compra de ações, teria incentivos para realizar manobras que aumentassem o valor da sociedade somente em curto prazo para maximizar seu retorno. Em alguma medida, isso que ocorreu na crise econômica de 2008, na qual os executivos recebiam bônus com base em valor e número de operações, o que criou o incentivo de realizar muitas operações, independentemente de serem boas e seguras para a empresa.

3.1.2.1. Cláusulas Comuns em Planos de Incentivos de Longo Prazo

Cláusula de bloqueio (*Lock Up*)

Embora não sejam sempre impostas, as cláusulas de bloqueio estabelecem uma restrição temporária a venda de participação adquirida por meio de SOP ou *Vesting*. Esta restrição pode ser condicionada simplesmente à passagem do tempo desde o exercício da opção de compra ou a algum objetivo específico da empresa, tal como crescimento do faturamento, recebimento de um investimento (ou qualquer outro evento de liquidez), etc.

Vale mencionar que assim como o período de carência do *vesting*, a cláusula de bloqueio ajuda a alinhar temporalmente os interesses do beneficiário e da sociedade.

Período de exercício

Esta cláusula estabelecerá o lapso temporal no qual o beneficiário poderá exercer a opção de compra. Como visto anteriormente, é normal que exista um período de carência entre a outorga do benefício e o momento no qual este pode ser exercido. Contudo, uma vez que passa o período de carência, o beneficiário poderá (ou não) optar por exercer a opção de compra. Não é do interesse da empresa que a qualquer momento o empregado venha a poder exercer a opção, de tal modo, é comum também que se estabeleça um limite temporal no qual a opção pode ser exercida, de modo a não expor a empresa ao risco de anos após a outorga da opção, esta ser exercida.

Outra forma de limitar este cenário é condicionando o exercício da opção de compra a manutenção do vínculo com a sociedade. Em outras palavras, o beneficiário somente poderá exercer a opção se, durante o período de exercício, ainda mantiver a relação de emprego com a sociedade ou permanecer envolvido no negócio de algum outro modo.

Valor do exercício

Este é o valor que o beneficiário deverá pagar pelas ações. Normalmente é lastreado no valor da sociedade (por alguma métrica determinada) e pode ou não ter algum desconto, ou seja, se a ação vale R$ 100,00, no SOP pode ser definido que o beneficiário poderá adquiri-la por R$ 80,00, um desconto de 20%.

Em relação à determinação do preço, há alguns aspectos relevantes que devem ser mencionados. Primeiramente, destaca-se que é extremamente complexo determinar o *valuation* de *startups*. Isto se deve, principalmente, ao fato de que seus prospectos tendem a ter alto grau de ambiguidade e, além disso, pode ser que alguns métodos de avaliação simplesmente não funcionem em *startups*, como será visto mais a frente. Neste sentido, a elaboração cuidadosa de um plano de negócios pode auxiliar na definição do valor da *startup* e, consequentemente, na definição dos valores do SOP.

Um segundo ponto é que o preço pago pela ação gera um risco ao beneficiário. Isto ocorre pois, se tornando sócio, não há garantia de retorno. Evidentemente, isto é um risco inerente à condição de sócio, porém deve-se lembrar que em *stock option* a condição de sócio é um prêmio pelo desempenho, havendo portanto compartilhamento do risco do negócio.

Em relação ao desconto no exercício da opção, é possível utilizá-lo de diversas maneiras. Primeiramente, pode ser incondicionado. Outra opção é condicionar o desconto a permanência na empresa (leia-se, o beneficiário, mesmo podendo exercer a opção sem estar vinculado a empresa, tem um benefício extra se estiver) ou até mesmo condicionar níveis diferentes de desconto ao atingimento de metas determinadas. Neste sentido é importante ressaltar que, além de perfeitamente descritas no SOP, as metas devem ser de fácil verificação, de modo a evitar que surjam conflitos.

Uma ressalva que deve ser feita em relação ao anterior é que foi mencionado tendo como premissa uma sociedade fechada (ou seja, não emite valores mobiliários). Caso a sociedade seja uma S.A. aberta, é importante que sejam observadas as regras e instruções da CVM sobre *stock option*.

3.1.3. Aspectos Tributários de *Stock Option Plans*

A determinação do regime tributário aplicável a SOPs depende basicamente da natureza da opção. Se o beneficiário não assume o risco do negócio (por exemplo, não necessita desembolsar nenhum recurso para exercer a opção), diz-se que o plano tem natureza remuneratória (também chamado de modelo *free shares*, ações gratuitas). Alternativamente, se o exercício da opção exige que o beneficiário desembolse recursos para adquiri-las, o SOP tem natureza mercantil ou comercial.

Em SOPs com natureza remuneratória, é considerado, pelo fisco, que as ações obtidas são uma renda (logo, sujeitas ao imposto de renda). Por outro lado, caso seja de caráter mercantil, o *stock option* plan não é considerado rendimento. O fisco, dentro de sua competência de tributar o real substrato econômico da operação e desconsiderar negócios simulados, avaliará sempre o contexto e as características de cada operação. Qualquer medida que reduza ou exclua o risco do beneficiário poderá ensejar a caracterização do plano como remuneratório (algum indício de simulação, ou seja, o preço do exercício tem um desconto muito alto, o preço de exercício foi pago pela companhia, etc).

O mesmo raciocínio se aplica a contribuições previdenciárias. Em outras palavras, a contribuição previdenciária será devida na medida em que o SOP tenha caráter remuneratório). Se for um instrumento da sociedade para alinhamento de interesses ou simples bonificação, não é devida a contribuição. Novamente, há certa zona *gris* na determinação da existência ou não de caráter remuneratório, o que poderá vir a ser contestado pelo fisco.

Como forma de evitar a tributação, pode-se averiguar o caráter comercial do SOP por meio de algumas características:

(i) Preço de exercício fixado de modo compatível ao mercado (leia-se, não pode ser interpretado como uma tentativa de simulação);

(ii) O beneficiário utilizar recursos próprios para exercer a opção; e

(iii) O beneficiário efetivamente assumir os riscos inerentes a condição de acionista.

Em outras palavras, há o risco de que o exercício da opção venha a não ser lucrativo para o empregado. Neste sentido, embora não seja estritamente necessário, a imposição de um período de restrição pode ser indicada para afastar qualquer alegação de que o beneficiário não estaria correndo os riscos do negócio. Isto porque, durante o período que não pode vender as ações, está sujeito às variações de valor destas.

Outro argumento que geralmente afasta o caráter remuneratório de SOPs que exigem desembolso é a incerteza sobre o exercício desta pelo beneficiário. Em outras palavras, não seria possível remunerar um funcionário com um direito que ele não necessariamente irá exercer. Embora este argumento permaneça mesmo quando o SOP está condicionado a outros fatores, perde um pouco de força.

3.1.4. Aspectos trabalhistas de *Stock Option Plans*

A outorga do plano em si é um benefício que pode ser considerado uma remuneração pelo trabalho, daí se sujeitar a tributação, ou então eventualmente ser objeto de compra/pagamento pelo beneficiário. De resto, o exercício da opção em SOPs onerosos não deveria ter qualquer efeito trabalhista.

Isto porque em SOPs onerosos, o empregado possui o direito de utilizar seus próprios recursos para adquirir as ações. Este modelo em muito destoa de outras formas de remuneração, tais como salário, que não exigem nenhum tipo de ação ou dispêndio por parte do empregado para serem percebidas, são pura e simplesmente uma contraprestação aos serviços prestados. Em outras palavras, a onerosidade do *stock option* já o desqualifica como remuneração.

Outro aspecto típico e necessário da remuneração é a obrigatoriedade, ou seja, não cabe ao empregado escolher se quer ou não a remuneração, uma vez executado o trabalho, a remuneração é devida nos termos combinados. Por outro lado, opções de compra podem não ser exercidas pelos empregados, não são obrigatórias e em nada prejudicará o funcionário o não exercício deste direito que lhe cabe. Este fator de não obrigatoriedade também desqualifica o *stock option* como remuneração.

Um terceiro fator que diferencia SOPs de salário é o caráter comercial do primeiro, ou seja, há um aspecto de risco e de investimento inerente a *stock option* que não pode ser encontrado no salário. Evidentemente, este caráter mercantil não é automático da onerosidade da SOP, dependerá dos termos pelos quais o exercício está vinculado. Como regra geral, quanto menos pessoal e mais próximo a *stock option* for de uma opção que poderia ser vendida no mercado indistintamente, mais forte é o caráter mercantil da opção.

O caráter mercantil é reforçado, além da onerosidade, pelo risco e incerteza em relação ao benefício que virá a ser obtido (ou não) pelo detentor do direito. Neste sentido, é fácil imaginar como beneficiários, com o mesmo plano de *stock option* podem acabar com benefícios extremamente diferentes. Pode ser que um dos beneficiados não exerça a opção e o outro sim, pode ser que ambos exerçam, mas que um deles vendeu dias antes da empresa despencar em valor e o outro logo após. Assim como valores mobiliários, *stock options* podem carregar consigo um grande fator de risco.

Neste sentido, a adesão a um SOP não gera ao beneficiário nenhum tipo de expectativa de lucro ou garantia de retorno mínimo. Em realidade, há tanta garantia de ganho quanto há de perda, uma vez que o risco, como mencionado anteriormente, é um aspecto inerente de *stock options*. O benefício que será (ou não) obtido depende das variações e flutuações dos valores das ações da Companhia, o que torna o *stock option* mais próximo de um investimento, sem ter qualquer caráter salarial.

Repete-se a ressalva que o anterior somente é válido para SOPs onerosos e cuja elaboração e condições seguem alguns padrões para afastar o caráter remuneratório, como mencionado anteriormente.

3.1.5. Evolução Legislativa

O regramento de *stock option plans* foi bastante discutido no âmbito do Marco Legal de *Startups*, porém o tema acabou sendo retirado do texto aprovado a fim de permitir uma maior discussão com a sociedade e a Receita Federal.

A intenção declarada do legislador é garantir uma maior segurança jurídica para sua utilização, possivelmente reduzindo ineficiências em comparação com outros regimes jurídicos estrangeiros, de forma a aumentar a competitividade das *startups* brasileiras.

Atualmente o assunto é objeto do Projeto de Lei nº 2.724/2022, proposto em novembro de 2022 pelo Senador Carlos Portinho.

3.1.6. Não concorrência

A não concorrência é a obrigação do empregado de se abster de, diretamente ou por meio de terceiros, exercer qualquer tipo de atividade que venha a concorrer contra o empregador ou, para usar o termo da lei, de praticar ato de concorrência.

Durante a relação de emprego, a obrigação de não concorrer decorre da lei em si, sendo uma das poucas hipóteses de demissão por justa causa na legislação brasileira.[26] Esta obrigação é decorrente da expectativa que se tem que o empregado não venha a aproveitar do conhecimento dos negócios da empresa para obter uma vantagem competitiva. Contudo, ao mesmo tempo que esta é uma proteção para o empregador, também é um ônus para o empregado, que tem suas possibilidades de trabalho reduzidas.

Este ônus, durante o contrato de trabalho, não é expressivo, visto que o empregado recebe remuneração e está efetivamente trabalhando. A questão se torna complexa a partir do momento que se busca estabelecer contratualmente uma obrigação de não concorrência para além do contrato de trabalho.

Não há nenhuma legislação específica sobre o tema, de tal modo, acaba-se tendo que recorrer à jurisprudência. Atualmente, há decisões para ambos os sentidos. Por um lado, há juízes que entendem que não poderia ser estabelecida uma cláusula de não concorrência tendo em

26 CLT — Art. 482 — Constituem justa causa para rescisão do contrato de trabalho pelo empregador:
c) negociação habitual por conta própria ou alheia sem permissão do empregador, e quando constituir ato de concorrência à empresa para a qual trabalha o empregado, ou for prejudicial ao serviço;

vista o direito constitucional ao livre exercício de qualquer profissão.[27]

Por outro lado, a maioria dos juízes entendem que, desde que feita de maneira razoável e proporcional, é possível estabelecer cláusula de não concorrência. De tal modo, são exigidos pela jurisprudência alguns requisitos.

Limitação temporal — Primeiramente, a obrigação deve ser limitada no tempo. Não há nenhum tipo de padrão determinado para definir este limite. Contudo, a jurisprudência, partindo da premissa de que o mercado de trabalho evolui, entende que a cláusula não deve ser longa o suficiente para afastar o empregado do mercado de trabalho por tempo suficiente para que venha a ter dificuldades de obter emprego. Deve-se mencionar que há quem defenda um limite de 2 anos, mas não é uma posição geral;

Limitação de objeto — O segundo requisito é a limitação quanto ao escopo das atividades abrangidas pela não concorrência. Mais especificamente, a cláusula somente pode abarcar as atividades desempenhadas pela empresa no momento em que a cláusula é definida e, no caso de empregados que só atuam em uma das áreas da empresa, não pode ir além da atividade que era efetivamente exercida pelo empregado.

Limitação geográfica — O terceiro requisito é a limitação geográfica da cláusula. Uma vez que o objetivo do mecanismo é proteger as informações do negócio, não

27 BRASIL. Constituição Federal — Art. 5º - XIII - é livre o exercício de qualquer trabalho, ofício ou profissão, atendidas as qualificações profissionais que a lei estabelecer;

seria razoável impedir o empregado de trabalhar em áreas nas quais a empresa não atue e em áreas nas quais não poderia se aproveitar do conhecimento privilegiado que teve enquanto dentro da empresa. Evidentemente, há certo grau de subjetivismo a determinação exata da localidade na qual o empregado pode se aproveitar das informações que tem, uma vez que, mesmo que a sede seja em uma cidade específica, pode ter negócios com fornecedores e clientes em outra cidade, outro estado ou até mesmo outro país.

O critério que pode ser utilizado para determinar qual o limite geográfico é a utilidade das informações estratégicas da empresa em outros locais. Por exemplo, as informações estratégicas de uma escola (alunos, professores que moram no local, etc.) não são relevantes para uma escola de outra cidade. De tal modo, a cláusula de não concorrência de escolas não poderia impedir o empregado de trabalhar em escolas de cidades em que não trabalhava enquanto na relação de emprego. Por outro lado, uma loja de produtos digitais compete com qualquer outra loja digital no Brasil, independentemente de sua sede física, consequentemente a cláusula de não concorrência poderia ser bem mais ampla (nacional ou até mesmo internacional, se a sociedade for grande o suficiente). Vale mencionar que o CADE (Conselho Administrativo de Defesa Econômica) tem jurisprudência que determina o chamado mercado relevante de determinadas atividades econômicas, definindo o âmbito de abrangência territorial que a cláusula de não concorrência pode ter.

O quarto requisito é que seja fixada compensação financeira pelas obrigações assumidas na cláusula. Novamente, não há um padrão determinado, porém, em geral, a proporção de um salário por mês de duração é aceita. Oferecer uma compensação menor do que este valor normalmente não é bem-visto, porém há precedentes nos quais, em casos de executivos com salários muito altos, a proporção foi inferior.

Além dos requisitos anteriores, deve ser mencionado que a cláusula de não concorrência deve ser estabelecida no momento da contratação. Afirma-se isto pois há precedentes judiciais de que a celebração de um acordo de não concorrência após o início da relação de emprego foi considerada uma alteração prejudicial ao contrato de trabalho, o que veio a causar a anulação da cláusula.

Neste sentido, é indicado que a cláusula de não concorrência esteja contida no próprio instrumento de contratação do empregado, de modo a evitar qualquer tipo de pleito de que a cláusula foi imposta posteriormente ou que foi obrigado a aceitá-la. Semelhantemente, é importante que apenas seja pedida a não concorrência de empregados ou executivos que tenham acesso a informações estratégicas relevantes.

Por fim, deve-se notar que caso queira-se adicionar uma multa pela violação da não concorrência, é importante que esta seja proporcional a compensação que o empregado está recebendo em razão da cláusula de não concorrência.

3.1.6.1. Cláusula de *non solicitation*

A cláusula de não solicitação (ou *non-solicitation*, em inglês) é extremamente parecida com a de não concorrência, em geral sendo adicionada como uma obrigação acessória a esta. Mais especificamente, a cláusula de não solicitação é a obrigação do empregado de não entrar em contato com os clientes, fornecedores ou outros empregados de seu antigo empregador.

O objetivo desta cláusula é evitar que, independentemente de competição ou não, o ex-empregado venha a levar consigo na saída clientes, fornecedores ou outros funcionários a fim de oferecer-lhes emprego, o que poderia vir a causar prejuízos para o empregador.

Evidentemente, esta cláusula não precisa ser tão ampla nem, necessariamente, precisa ser estabelecida. Neste sentido, embora não tenha os mesmos requisitos que a não concorrência, bastando que seja limitada temporalmente, é importante não se exceder, uma vez que, em eventual discussão judicial, se o juiz entender que a cláusula de não solicitação é abusiva, esta visão pode vir a contaminar a interpretação do juiz em relação a cláusula de não concorrência ou outros aspectos do contrato.

▶ 4. Termos e Condições de Uso. Relacionamento das *startups* com colaboradores e clientes. Aviso de Privacidade

4.1. Introdução

A tecnologia não mudou somente a forma de fazer negócios, mas também a importância que as pessoas dão a informações sobre si mesmas. Crescentemente, informações pessoais têm sido usadas como objeto de políticas públicas e "espionagem governamental", como foi o escândalo da *wikileaks* nos Estados Unidos e como objetos de manipulação política, como foi o caso da campanha eleitoral de Donald Trump, também nos Estados Unidos, que utilizou *big data* e análises sobre os dados pessoais dos perfis de redes sociais de americanos para direcionar propagandas políticas extremamente personalizadas.[28] Contudo, os usos destacados anteriormente somente foram possíveis com a explosão de plataformas digitais, em particular, mídias sociais, que são alimentadas diariamente com inúmeros dados sobre cada um de seus usuários.

Neste sentido, o público em geral já tem se tornado mais consciente do uso que seus dados pessoais têm tido por companhias privadas e, cada vez mais, iniciativas que buscam preservar a privacidade de seus usuários têm ganhado mais tração.

Como consequência disto, entidades governamentais também começaram a se sensibilizar a pleitos de pri-

28 Madanapalle, Aditya. "Big Data e perfis psicográficos ajudaram Donald Trump a vencer a eleição presidencial dos EUA." *FirstSpot, FirstSpot*, 31 de janeiro de 2017, www.firstpost.com/tech/news-analysis/big-data-and-psychographic-profiling-helped-donald-trump-win-the-us-presidential-election-3696847.html.

vacidade, de modo que os gigantes da tecnologia, que cresceram utilizando dados pessoais para propaganda, estão sendo reprimidos com multas milionárias justamente por violarem os direitos de privacidade dos usuários.

Neste sentido, no cenário nacional também têm surgido iniciativas buscando preservar a privacidade dos usuários e buscando criar regras mais rígidas para proteção das informações pessoais.

Acontece que, justamente por ser um cenário novo e de muita incerteza, muito porque ainda há pouco consenso sobre se há necessidade de regular, muito menos de como se deveria regular todas estas questões, o panorama legislativo é confuso e incompleto. Estas condições levam *startups* de todo local do mundo a postergar qualquer tipo de preocupação com estas questões para fases posteriores de operação, muitas vezes se expondo a riscos e a custos desnecessários.

4.1.1. Proteção de Dados Pessoais e os Impactos nas *Startups*

Não é de hoje que o tema proteção de dados é discutido no cenário internacional. Desde o século passado, a União Europeia vem buscando a correta regulamentação do assunto através de seus regulamentos. Entre eles não se pode deixar de destacar a Diretiva 95/46/CE,[29] que ficou famosa por estabelecer regras acerca do tratamento de dados e direitos dos usuários que são membros do bloco.

Diante de uma era na qual os dados ganham cada

29 Disponível em: <https://eur-lex.europa.eu/legal-content/PT/TXT/?uri=CELEX:31995L0046>. Acesso em: 07 de fevereiro 2019.

vez mais notoriedade e valor comercial, surge então a *General Data Protection Regulation* (GDPR), evolução da Diretiva 95/46/CE, como resultado de um longo e árduo processo de debates entre os países envolvidos. O regulamento, considerado um dos mais completos sobre o tema, dispõe sobre o tratamento de todo o fluxo de dados, conceitos e princípios.

A lei entrou em vigor em maio de 2018 e, em razão de sua eficácia e aplicação extraterritorial, diversas foram as empresas brasileiras que se viram na necessidade de adaptação em razão de suas filiais na União Europeia, sob pena de sanções milionárias. Somado a isso, a falta de um ordenamento jurídico específico sobre o tema começou a criar um cenário com diversos obstáculos quando da transferência internacional de dados, podendo causar efeitos negativos tanto na economia quanto nas relações comerciais.

4.1.2. A Necessidade do Surgimento da LGPD

Toda essa mudança no contexto internacional ensejou diversas discussões que acabaram por culminar na elaboração de uma lei cuja redação muito se parece com a norma europeia. Assim, surge a Lei nº13.709/2018, denominada Lei Geral de Proteção de Dados (LGPD), buscando a proteção de dados pessoais no contexto regulatório brasileiro.

O ordenamento brasileiro de dados, tal qual o europeu, tem base principiológica, aplicação extraterritorial, foco na proteção dos dados pessoais dos usuários e trouxe novas responsabilidades para as empresas quando da coleta e tratamento de dados.

Nessa toada, se torna imprescindível abordar algumas das principais mudanças que passarão a afetar o ecossistema das startups. As novas exigências, caso não sejam devidamente analisadas e estruturadas dentro da empresa, poderão acarretar onerosidade excessiva para implementação e, em último caso, gerarão multas capazes de afetar a continuidade do negócio.

4.1.3. Principais Pontos da Lei nº 13.709/ 2018

São conceitos básicos trazidos pela LGPD:

- Dado Pessoal: Dado pessoal é qualquer dado que identifica ou torna uma pessoa natural (pessoa física) identificada ou identificável.
- Dado Pessoal Sensível: São dados que, de acordo com suas próprias características, merecem cuidado especial. Isso porque são informações que, pela sua natureza, podem ser utilizadas com viés discriminatório. São eles dados de origem racial, étnica, religiosos, opinião política, filiação a sindicato, filiação a organizações religiosas, filosóficas ou políticas, dados referentes à saúde ou à vida sexual, dados genéticos e biométricos. Tais dados necessitam de consentimento específico de seus titulares.
- Dado Anonimizado: Dado relativo ao titular que não pode ser identificado, considerando a utilização de meios técnicos razoáveis e disponíveis na ocasião de seu tratamento, por meio dos quais um dado perde a possibilidade de associação, direta ou indireta, a um indivíduo. Esses dados não estão protegidos pelo escopo da LGPD.
- Titular de Dados: Ser humano, pessoa natural, com base no princípio da autodeterminação.

• Tratamento: Termo técnico que se refere a qualquer coisa que é feita com os dados pessoais a partir da coleta até o encerramento do tratamento, ou seja, o fim da efetiva ação sobre os dados.

Ainda, torna obrigatória a observância de todos os 10 princípios elencados na referida norma, são eles: finalidade, adequação, necessidade, livre acesso, qualidade dos dados, transparência, segurança, prevenção, não discriminação, responsabilização e prestação de contas.

• Finalidade: Realização do tratamento para propósitos legítimos, específicos, explícitos e informados ao titular, sem possibilidade de tratamento posterior de forma incompatível com essa finalidade.

• Adequação: Compatibilidade do tratamento com as finalidades informadas ao titular, de acordo com o contexto do tratamento.

• Necessidade: Limitação do tratamento ao mínimo necessário para a realização de suas finalidades, com abrangência dos dados pertinentes, proporcionais e não excessivos em relação às finalidades do tratamento de dados;

• Livre Acesso: Garantia, aos titulares, de consulta facilitada e gratuita sobre a forma e a duração do tratamento, bem como sobre a integralidade de seus dados pessoais;

• Qualidade dos dados: Garantia, aos titulares, de exatidão, clareza, relevância e atualização dos dados, de acordo com a necessidade e para o cumprimento da finalidade de seu tratamento;

• Transparência: Garantia, aos titulares, de informações claras, precisas e facilmente acessíveis sobre a realização do tratamento e os respectivos agentes de tratamento, observados os segredos comerciais e industriais;

- Segurança: Utilização de medidas técnicas e administrativas aptas a proteger os dados pessoais de acessos não autorizados e de situações acidentais ou ilícitas de destruição, perda, alteração, comunicação ou difusão;
- Prevenção: Adoção de medidas para prevenir a ocorrência de danos em virtude do tratamento de dados pessoais;
- Não discriminação: Impossibilidade de realização do tratamento para fins discriminatórios ilícitos ou abusivos;
- Responsabilização e prestação de contas: Demonstração, pelo agente, da adoção de medidas eficazes e capazes de comprovar a observância e o cumprimento das normas de proteção de dados pessoais e, inclusive, da eficácia dessas medidas.

Portanto, todas as empresas, quando da coleta e tratamento de dados, deverão comprovar que seus atos são necessários, mínimos, corretos, de qualidade e que atendem à finalidade do negócio e resguardam todos os princípios previstos na Lei.

Outro ponto relevante é a necessidade do consentimento dos titulares das informações pessoais para a coleta de seus dados e o encargo da oferta de opções para o usuário visualizar, corrigir e eliminar os dados tratados. Imposições que, na prática, são instrumentos para que os usuários acessem seus dados de maneira simples e transparente. Contudo, vale destacar que nos casos envolvendo dados sensíveis (tais como de crianças e adolescentes) será necessário ainda um cuidado redobrado com a necessidade de consentimento de um de seus responsáveis legais no momento da coleta dos dados.

A LGPD também estabelece novas figuras quando no tratamento de dados: o agente de tratamento, o operador de dados e o encarregado (em inglês, *Data Protection Officer — DPO*), fazendo com que as empresas necessitem reorganizar ou reestabelecer cargos internamente com o objetivo de uma melhor distribuição dos riscos.

Ademais, as organizações deverão se responsabilizar pela segurança dos dados pessoais tratados e informar nos casos que ocorrer incidentes de segurança à Autoridade Nacional de Proteção de Dados[30] e, a depender do incidente, o titular dos dados também deverá ser notificado. Ressalta-se que as penalizações vão desde uma multa simples ou diária de até 2% do faturamento, até o valor de R$ 50.000.000,00 por infração e, ainda, podendo haver um bloqueio de dados pessoais a que se refere a infração até a sua regularização, ou a proibição do exercício de atividades relacionadas a tratamento de dados (art. 52).

4.1.4. Possíveis Instrumentos a serem Utilizados por *Startups* para Adaptação ao Novo Regulamento

Afinal, como trazer essas obrigações para dentro da minha *startup*? Quais as iniciativas que vêm sendo tomadas dentro das empresas? Como estruturar e organizar um negócio de pequeno porte com custos baixos diante de uma realidade jurídica que desconheço? Essas e muitas outras perguntas vêm permeando o cenário das pequenas empresas que zelam por uma correta adequação ao novo ordenamento.

30 Instituída recentemente pela MP 869/2018.

Com relação ao consentimento, alguns instrumentos já vêm sendo utilizados para obtê-lo de forma rápida e escalável. Podem-se citar como exemplos *e-mails* solicitando o consentimento expresso dos usuários e manuais notificando as mudanças nas políticas internas da empresa.

Contudo, outros passos também deverão ser observados. O mapeamento completo do fluxo de dados (identificar sua localização, armazenamento, acessibilidade, etc.), a nomeação de um responsável pelos dados, a reestruturação da política de privacidade — com foco na transparência e clareza dos objetivos da política — alterações contratuais na gestão e governança de privacidade, implementação de tecnologia de ponta para proteção e segurança dos dados, implementação de técnicas de anonimização, são apenas alguns exemplos de primeiros passos que essas empresas deverão tomar.

Diante de todas essas mudanças produzidas pela chegada da Lei Geral de Proteção de Dados, as startups devem aproveitar a estrutura flexível e inicial do seu negócio e estruturá-lo em congruência com o novo ordenamento da era digital. Aprimorar políticas de privacidade e proteção de dados, investir fortemente em *compliance* e na seleção de funcionários responsáveis pelo tratamento dos dados é, evidentemente, o caminho que os novos negócios deverão seguir se pretendem evitar qualquer tipo de exposição ao risco de vazamento de dados dos usuários.

Subsiste, ainda, sobrecarga regulatória. O orçamento das startups é limitado e a LGPD acaba se colocando, pelo menos em um primeiro momento, como sinônimo de gastos e encargos. Mas a discussão não é ignorada pela lei. É colocado no artigo 55-J, inciso XVIII, que *"compete à ANPD editar normas, orientações e procedimentos simplificados e diferenciados, inclusive quanto aos prazos, para que microempresas e empresas de pequeno porte, bem como iniciativas empresariais de caráter incremental ou disruptivo que se autodeclarem startups ou empresas de inovação, possam adequar-se a esta Lei".*

Com base nisso, em 27 de janeiro de 2022, a ANPD — Agência Nacional de Proteção de Dados publicou a Resolução CD/ANPD nº 2/2022, que regulamenta a aplicação da LGPD por agentes de tratamento de pequeno porte. A norma regulatória se aplica tanto a microempresas e empresas de pequeno porte quanto a *startups*, desde que não se insiram nas exceções trazidas pelo artigo 3º da Resolução, ou seja, desde que não realizem tratamento de dados de alto risco e, no caso de *startups*, que não tenham auferido receita bruta superior a 16 milhões de reais no ano anterior.

Dentre as facilidades permitidas pela resolução, destaca-se a desnecessidade de apontamento de Encarregado de Proteção de Dados (DPO) específico, desde que se mantenha um canal aberto de comunicação com os titulares de dados pessoais que os permita exercer seus direitos previstos na LGPD. Ademais, há também a flexibilização para que agentes de pequeno porte adotem procedimentos simplificados para comunicação de incidentes de segurança e de registro de atividades de tratamento de dados.

Cabe lembrar que, devido ao próprio conceito e à cultura das *startups*, como já mencionado acima, o tratamento de dados pessoais por estas empresas costuma ser um fator importante do negócio — seja porque baseado em uma tendência global de uso de dados pessoais seja em razão do caráter escalável dessas empresas. Por isso, é importante se atentar ao tratamento de dados considerado de alto risco, que inviabiliza a aplicação das regras simplificadas dispostas acima. Isto significa que, embora a adoção das regras simplificadas seja possível às startups, é necessário analisar caso a caso a aplicação da Resolução 02/2022 da ANPD.

O tratamento de dados de alto risco, que inviabiliza a adoção das regras simplificadas, é aferido por critérios gerais e específicos, conforme definido abaixo. A Resolução 02/2022 da ANPD indica que, para ser considerado de alto risco, o tratamento de dados pessoais deve atender, cumulativamente, a um critério específico e um critério geral. Abaixo, apresentamos uma tabela com estes critérios e o respectivo quadro com um esquema da referida resolução.

Critérios para classificação de tratamento de dados como de alto risco	
Critérios gerais	Critérios específicos
Tratamento de dados pessoais em larga escala	Uso de tecnologias inovadoras
Tratamento de dados pessoais com potencial para violar interesses e direitos fundamentais	Vigilância ou controle de áreas acessíveis ao público
	Tomada de decisões de forma automatizada
	Tratamento de dados sensíveis
	Tratamento de dados de crianças, adolescentes ou idosos

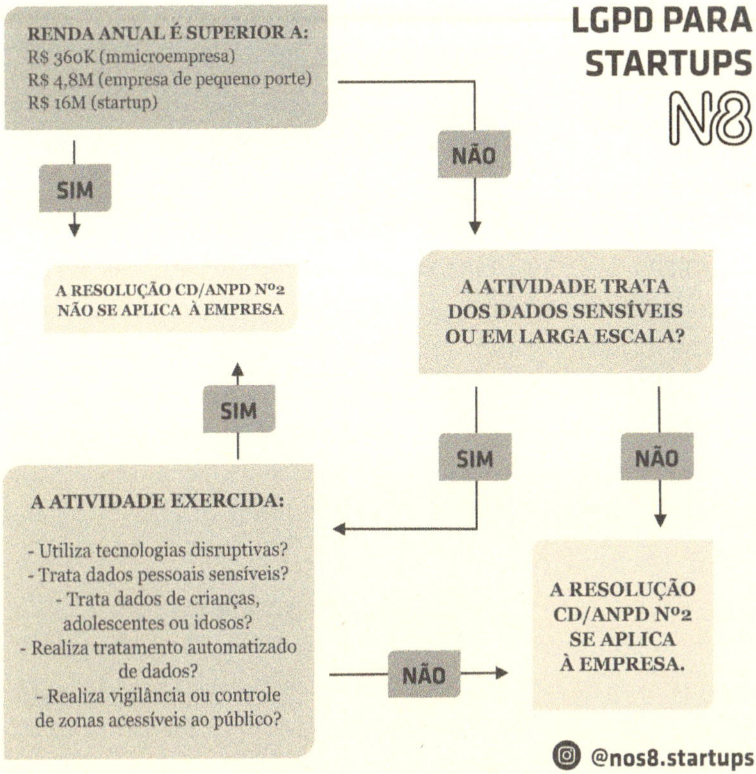

4.2. Informações Pessoais e Privacidade

Era imprevisível a dimensão que a tecnologia ia tomar a poucos anos atrás. São inúmeras citações de grandes nomes da área com previsões sobre a evolução da tecnologia que vieram a se constatar extremamente equivocadas. Destaca-se, por exemplo, Ken Olsen, fundador da agora extinta Digital Equipment Corporation, que mencionou que: "não haveria nenhum motivo para ninguém querer um computador na própria casa". [31]

31 Strohmeyer, Robert. "As 7 piores previsões tecnológicas de todos os tempos." *PCWorld*, *PCWorld*, 31 de dezembro de 2008, www.pcworld.com/article/155984/worst_tech_predictions.html.

Hoje, todos levamos em nossos celulares computadores com capacidades inimagináveis a quarenta anos.

Contudo, isto vem a um custo. Da mesma forma que nossos celulares, por exemplo, são extremamente convenientes, eles disponibilizam sua localização, os locais que você foi, com quem você falou, o que você olhou na internet e outros. Mais que isso, sua experiência na internet e com tecnologia será alterada com base nessas informações.

Após uma breve pesquisa no Google sobre viagens, o único anúncio que você verá será de agência de turismo. Compre uma passagem de avião e, convenientemente, receba em seu e-mail uma oferta exclusiva de hotel para a cidade aonde você vai.

Os exemplos anteriores podem até parecer inofensivos ou facilmente "extraíveis" da informação que os sites que você visita têm acesso, porém o alcance é maior: com sua localização, sabem onde e com quem você mora, sabe-se onde e com o que você trabalha, junte esses dois fatores com seu histórico de compras e, pronto, torna-se possível calcular exatamente quanto dinheiro você tem. Para um exemplo um pouco mais bizarro, pode-se mencionar o caso da Target, um gigante de varejo americano, que possui a capacidade de descobrir que uma mulher está grávida e quando o bebê irá nascer, de modo a conseguir mandar cupons com o *timing* exato para maximizar a chance de conversão. Há até um caso no qual uma garota recebeu cupons de produtos de maternidade, o que acabou por alertar o pai de que a garota estaria grávida, antes dele descobrir.[32]

---

32 Hill, Kashmir. "Como a Target descobriu que uma adolescente estava grávida antes de seu pai." *Forbes, Forbes Magazine*, 31 de março de 2016, www.forbes.com/sites/kashmirhill/2012/02/16/how-target-figured-out-a-teen-girl-was-pregnant-before-her-father-did/#561890966686.

O ponto dc todos os exemplos anteriores não é criar pânico geral, nem converter qualquer pessoa a alguma religião baseada na rejeição da tecnologia como se vivêssemos em 1984, mas sim gerar a consciência de que estes dados são de extrema relevância e sua proteção deve ser considerada.

4.2.1. Uso e Proteção de Informações Pessoais

Estando estabelecida a importância da proteção de informações pessoais, é relevante destacar dois tipos diferentes de dados que podem ser protegidos:

Dados Pessoais — São as informações capazes de identificar individualmente a pessoa, tais como nome, endereço físico e digital (IP), números de identidade (CPF, RG, número da OAB, etc.), telefone, dados bancários, localização, etc.

Informações pessoais sensíveis — São as informações que poderiam vir a querer ser preservadas pelo indivíduo por medo de algum tipo de represália ou por qualquer outro motivo. São exemplos, histórico da internet, convicções intelectuais (religiosas, filosóficas, políticas, etc.), estado de saúde e outros.

4.2.1.1. Dados Pessoais

A legislação nacional ainda não contempla nenhum tipo de obrigação positiva em relação a uso de dados pessoais trocados na internet, embora seja certo que qualquer dano a direitos da pessoa (privacidade, intimidade, honra, etc.) é ilegal e pode obrigar a startup a indenizar o prejudicado.

De tal modo, o que a lei exige é a transparência em relação ao uso que está sendo dado às informações, no sentido que todo e qualquer tipo de utilização dos dados pessoais (leia-se: coleta, armazenagem, análise e divulgação, individualizada ou de forma agregada com dados de outros usuários) deve ser informado de maneira clara e acessível ao consumidor. Esta divulgação normalmente é feita por meio da Política de Privacidade ou dos Termos de Uso, documentos muitas vezes ignorados tanto pelas startups que os elaboram quanto pelos consumidores que os recebem.

Mais que isso, é importante que estes termos sejam aceitos expressamente pelo consumidor (mesmo que seja pela marcação de uma caixinha) para que seja minimizado o risco de a startup ser acionada a pagar algum tipo de indenização.

Tratando da regulamentação internacional, pode-se mencionar que, primeiramente, os padrões e exigências de plataformas de distribuição digital (Steam, App Store, Play Store, etc.) estão ficando cada vez mais restritivos. A consequência do desrespeito a essas regras é a impossibilidade de acesso a estas plataformas o que, no caso de modelos de negócios baseados em aplicativos, pode ser desastroso. Vale mencionar que o risco nessas plataformas não é de ser multado ou ter o aplicativo retirado após um tempo, mas sim de ser recusado de plano, uma vez que é feita uma análise prévia do código utilizado no programa.

Tratando de legislação propriamente dita, pode-se mencionar os seguintes direitos individuais previstos na GDPR[33]:

Direito de ser informado — é o direito de cada usuário saber as informações que o provedor tem dele, independentemente se o usuário forneceu diretamente estas informações ou não;

Direito de acesso — é a outra faceta do direito de ser informado, se o usuário deve saber que informações o provedor tem dele, deve também ter acesso a estas informações e ter confirmação se as informações estão ou não sendo processadas;

Direito de retificação — é o direito do indivíduo de, percebendo que um dado seu está errado ou incompleto no banco de dados do provedor, deve poder exigir sua correção;

Direito de esquecimento — é a opção do usuário de exigir, a qualquer momento, que todos os seus dados pessoais sejam removidos e deletados do banco de dados do provedor caso não haja um motivo razoável para que isto não ocorra;

Direito de restringir processamento — é a faculdade do usuário de exigir que, havendo interesse legítimo, o provedor de serviços deixe de processar seus dados (por exemplo, os consumidores da Target poderiam

33 Para informações mais específicas sobre este marco regulatório, vide: https://ico.org.uk/for-organisations/data-protection-reform/overview-of-the-gdpr/

exigir que, independentemente de a companhia manter em arquivo os dados pessoais deles, esta se abstenha de processar os dados, não mandando cupons baseados em previsões de que a pessoa está grávida);

Direito de portabilidade de dados — é a obrigação dos provedores de permitir que os dados do indivíduo possam ser facilmente transferidos para outras plataformas (por exemplo, o consumidor que queira trocar de banco poderia exigir que um banco transfira os dados pessoais do consumidor para outro banco); e

Direito de rejeitar — é a faculdade do usuário de impedir o provedor de serviços a, entre outros, enviar propagandas direcionadas (personalizadas ou não) e de utilizar os dados pessoais para propósito de pesquisas e estudos científicos ou históricos.

4.2.1.2. Remoção de Conteúdo e Direito ao Esquecimento

Atualmente, grande parte dos conflitos e discussões judiciais sobre serviços de internet estão relacionados a pedidos de remoção de conteúdo. Neste sentido, o Marco Civil da Internet (L. 12.965/2014) estabelece em seus artigos 18 e 19 que o provedor da conexão de internet não responderá pelos danos gerados pelo conteúdo disponibilizado na internet e, semelhantemente, que o provedor do serviço de internet somente será responsabilizado pelos danos gerados por conteúdo de terceiros disponibilizados em sua plataforma se, ao receber ordem judicial específica nesse sentido, deixar de tomar as providências para retirar o conteúdo.[34]

Esta previsão tem o propósito explícito de evitar a censura de conteúdo, contudo o Marco Civil não estabelece que tipo de informação deverá ser retirada do ar.

Um dos temas mais relevantes atualmente discutido pelo Poder Judiciário Brasileiro é o direito ao esquecimento, que, como mencionado, não possui proteção legislativa específica no Brasil. Dessa forma, é importante recorrer a jurisprudência que, atualmente, não é pacificada.

Por um lado, em 2014, o Supremo Tribunal Federal (STF), em um caso paradigmático entre Xuxa, apresentadora de televisão, e o Google, decidiu a favor do gigante da internet. Mais especificamente, a apresentadora buscava ver retirados de resultados de pesquisas no Google vídeos e fotos suas retirados de um vídeo pornográfico. Neste caso, o STF acabou decidindo por privilegiar o direito à informação.[35]

Em fevereiro de 2021, o STF analisou a questão do direito ao esquecimento ao abordar o Tema de Repercussão Geral nº 786, que teve como objeto o Recurso Extraordinário nº 1.010.606/RJ. A demanda foi ajuizada pelos parentes de Aída Curi, jovem assassinada no Rio de Janeiro em 1958 e que, meio século depois, foi tema do

34 Art. 18. O provedor de conexão à internet não será responsabilizado civilmente por danos decorrentes de conteúdo gerado por terceiros.
Art. 19. Com o intuito de assegurar a liberdade de expressão e impedir a censura, o provedor de aplicações de internet somente poderá ser responsabilizado civilmente por danos decorrentes de conteúdo gerado por terceiros se, após ordem judicial específica, não tomar as providências para, no âmbito e nos limites técnicos do seu serviço e dentro do prazo assinalado, tornar indisponível o conteúdo apontado como infringente, ressalvadas as disposições legais em contrário.

35 "Google Não Deve Eliminar Dos Resultados Imagens e Vídeos De Xuxa Nua". Migalhas, 29 de setembro de 2014, www.migalhas.com.br/Quentes/17,MI208402,-21048-Google+nao+deve+eliminar+dos+resultados+imagens+e+videos+de+Xuxa+nua.

programa televisivo "Linha Direta" da Rede Globo. Seus parentes, então, entraram na justiça contra a emissora pleiteando danos morais, a abstenção da veiculação da imagem e do nome da vítima em meios de comunicação. Para tanto, foi suscitada a tese do direito ao esquecimento, um direito personalíssimo.

O julgamento atraiu a atenção de diversas empresas de tecnologia que se preocuparam com a desindexação de resultados em mecanismos de buscas, além de preocupações da sociedade e do setor jornalístico com potencial "censura", caso fosse julgado procedente o caso. Ainda que o STF tenha reconhecido a tutela da dignidade da pessoa humana e da privacidade em face dos meios de comunicação, a Corte optou por não reconhecer a existência do direito ao esquecimento.

Em outros casos, contudo, tem se seguido a orientação de que devem ser removidas informações antigas que deixaram de ser relevantes para o público. Além deste caso, também normalmente se remove da internet violações a direitos autorais (pirataria), pedofilia e pornografia de vingança (leia-se: divulgação não consensual de vídeo pornográfico, é o caso do casal que gravou um vídeo pornográfico para uso próprio e, após o término da relação, uma das partes disponibiliza, sem o consentimento da outra, o vídeo para terceiros).

4.2.2. Relacionamento com Clientes e Fornecedores

Esta seção acaba sendo mais específica para startups que pretendem atuar com um modelo de *marketplace*. A primeira coisa que deve ser dita é que toda regulação incidente sobre lojas físicas (com algumas variações) é aplicável a lojas digitais. Neste sentido, o principal marco legislativo é o Código de Defesa do Consumidor (CDC, L. 8.078/90).

Tratando de forma genérica, o CDC parte da premissa da vulnerabilidade do consumidor perante o fornecedor, de modo a estabelecer uma série de direitos visando proteger o consumidor. Destaca-se a seguir algumas das obrigações que a lei consumerista impõe a fornecedores.

A primeira das obrigações que o CDC acaba por impor a lojas virtuais é, além de disponibilizar serviço de atendimento a dúvidas do consumidor, deve informar em toda compra descrição detalhada do objeto, além de dados completos sobre o vendedor, garantias e condições de entrega. O objetivo destas obrigações é garantir o máximo de transparência para o consumidor, buscando assim evitar que o consumidor venha a ser iludido na compra *online*.

Além do anterior, ainda é garantido um direito ao consumidor de, em até 7 dias da compra, devolver o produto adquirido, sem que precise apresentar qualquer tipo de motivação. Caso o consumidor opte por exercer este direito, o valor pago deve ser devolvido e os custos com a devolução arcados pelo fornecedor.

Em relação aos métodos de pagamento, a plataforma deve utilizar um sistema seguro para cobranças, de modo a garantir que as informações e dados bancários do consumidor não sejam extraviados.

A grande questão destas obrigações destacadas (e todas as outras da lei) é que qualquer membro da cadeia produtiva responde (em regra) pelos vícios e defeitos do produto e serviço, conforme expõe os artigos 12 e 18 do

Código de Defesa do Consumidor.[36] De tal modo, mesmo em um modelo de intermediação (Uber, Ifood, etc.) a plataforma poderá ser acionada e responsabilizada nos termos da lei.

O fornecedor somente não responde quando for demonstrado que não havia defeito no produto ou serviço, que não fazia parte da cadeia de produção ou que o defeito foi culpa exclusiva do consumidor ou terceiro.[37] Não é possível tentar limitar esta responsabilidade por meio de cláusulas contratuais, como dispõe expressamente o artigo 25 do CDC.[38]

Esta regra existe para facilitar a reparação do dano ao consumidor, de modo que não seja necessário a este buscar entender a cadeia de produção do produto em questão nem o real responsável pelo defeito. Evidentemente que estas regras não criam (em tese) uma brecha na qual um dos fornecedores possa acabar sendo responsabilizado por um defeito de produto que não partiu dele,

---

36 Art. 12. O fabricante, o produtor, o construtor, nacional ou estrangeiro, e o importador respondem, independentemente da existência de culpa, pela reparação dos danos causados aos consumidores por defeitos decorrentes de projeto, fabricação, construção, montagem, fórmulas, manipulação, apresentação ou acondicionamento de seus produtos, bem como por informações insuficientes ou inadequadas sobre sua utilização e riscos.
Art. 18. Os fornecedores de produtos de consumo duráveis ou não duráveis respondem solidariamente pelos vícios de qualidade ou quantidade que os tornem impróprios ou inadequados ao consumo a que se destinam ou lhes diminuam o valor, assim como por aqueles decorrentes da disparidade, com a indicações constantes do recipiente, da embalagem, rotulagem ou mensagem publicitária, respeitadas as variações decorrentes de sua natureza, podendo o consumidor exigir a substituição das partes viciadas.

37 Art. 12. § 3° O fabricante, o construtor, o produtor ou importador só não será responsabilizado quando provar:
I — que não colocou o produto no mercado;
II — que, embora haja colocado o produto no mercado, o defeito inexiste;
III — a culpa exclusiva do consumidor ou de terceiros.
Art. 14, § 3° O fornecedor de serviços só não será responsabilizado quando provar:
I — que, tendo prestado o serviço, o defeito inexiste;
II — a culpa exclusiva do consumidor ou de terceiros.

38 Art. 25. É vedada a estipulação contratual de cláusula que impossibilite, exonere ou atenue a obrigação de indenizar prevista nesta e nas seções anteriores.

o que ocorre é somente a possibilidade de ser adiantado ao consumidor a reparação e, posteriormente, o fornecedor que acabou por arcar com o custo, caso determine que não partiu dele o defeito, pode vir a exercer regresso contra o fornecedor responsável.

Vale mencionar ainda que, a depender do tipo de produtos vendidos na loja digital, pode haver regulação ou acordos específicos (por exemplo, medicamentos e alimentos).

4.2.2.1. Licença de Uso

As licenças de uso, também chamadas de acordo de licença de uso ou acordo de licença de usuário final, são as condições que a plataforma impõe ao consumidor que busca utilizá-la, contendo, portanto, as obrigações do usuário perante a plataforma.

Atualmente, este documento é digital (embora, em alguns casos, *softwares* adquiridos por meio de CDs ainda venham com este documento impresso).

A grande relevância da licença de uso na ótica consumerista é que são um exemplo do chamado "contrato de adesão", que é nada mais do que um contrato que não é negociado entre as partes, sendo, no caso de relações de consumo, imposto pelo fornecedor ao consumidor. Justamente por evidenciarem a falta de simetria na relação fornecedor-consumidor, a lei e os tribunais têm um olhar mais rigoroso sobre contratos de adesão. Um exemplo desta restrição maior é o disposto no parágrafo 4º do artigo 54 do Código de Defesa do Consumidor, que estabelece a obrigação de que qualquer limitação de direito do consumidor deve usar redação simples e estar em destaque no contrato de adesão.[39]

Algumas cláusulas que geralmente se encontram nessas licenças são a obrigação do consumidor de não distribuir ou alterar o *software*. Além disso, é importante que seja destacado que o código não está incluso na licença e que qualquer tipo de suporte e auxílio de uso cabe ao desenvolvedor.

4.2.2.2. Termos de Uso

Outro contrato de adesão que deve ser feito para qualquer tipo de negócio digital é o chamado termos de uso, termos de serviço ou termos e condições de uso. Similarmente a licença de uso, este contrato estabelece obrigações do consumidor perante a plataforma, porém o faz de maneira mais específica, indicando a maneira pela qual o serviço deve ser utilizado.

De tal modo, este contrato irá indicar o que o consumidor pode ou não fazer na plataforma (é o documento no qual, por exemplo, estaria escrito que em nenhum momento o usuário deverá fornecer seus dados bancários ou senha de acesso a nenhum suposto preposto da plataforma).

Assim como no caso da licença de uso, trata-se de um contrato de adesão, de modo que é extremamente importante a utilização de linguagem simples e direta.

39 Art. 54. Contrato de adesão é aquele cujas cláusulas tenham sido aprovadas pela autoridade competente ou estabelecidas unilateralmente pelo fornecedor de produtos ou serviços, sem que o consumidor possa discutir ou modificar substancialmente seu conteúdo.
§ 4° As cláusulas que implicarem limitação de direito do consumidor deverão ser redigidas com destaque, permitindo sua imediata e fácil compreensão.

Além de garantir que o consumidor teve acesso à íntegra do documento antes de aceitar ativamente seus termos.

4.2.3. Aviso de Privacidade

O aviso de privacidade (também chamado de "política") é o documento que descreve de forma exaustiva e simples como os dados pessoais são utilizados pela plataforma. Neste momento retoma-se a classificação utilizada anteriormente de dados pessoais e informações pessoais sensíveis.

Neste sentido, o aviso ou política de privacidade irá descrever todo o processo de coleta, armazenagem, processamento e uso de dados pessoais feito pela plataforma. De tal modo, deverá estar descrito:

Quando a coleta ocorre e que tipo de informação é coletada;

Como os dados coletados serão armazenados, incluindo as tecnologias utilizadas para dar proteção a estes dados;

Como os dados são processados e como serão utilizados;

Se e como serão transferidos ou compartilhados, incluindo o motivo para tal transferência ou compartilhamento;

Quem poderá vir a receber esses dados compartilhados; e

Como e de que modo o usuário poderá vir a ter acesso ou solicitar qualquer tipo de alteração, correção ou remoção dos dados pessoais armazenados, entre outros.

Evidentemente que todo o descrito anteriormente, principalmente considerando o fato de que se trata, novamente, de um contrato de adesão, deve respeitar a lei, além de ser escrito de maneira que facilite a compreensão do usuário e seja explicitamente aceito pelo usuário.

De modo a resguardar a empresa, a política de privacidade deve a todo momento refletir de modo fiel o tratamento dado a informações pessoais dentro do contexto da plataforma. Consequentemente, qualquer alteração de código-fonte ou de modelo comercial que altere o tratamento de dados ou qualquer outra informação disposta na política de privacidade deve ser refletida em uma nova versão do documento e esta nova versão deve, em regra, ser aceita novamente pelo usuário.

A importância desses cuidados é que protege a plataforma de alegações por parte dos usuários de violação de direitos da personalidade tais como privacidade ou intimidade, uma vez que o usuário consentiu de maneira expressa e prévia com a coleta e o uso de dados que é feito na plataforma. De tal modo, se, em algum momento, a política de privacidade deixar de refletir a realidade, perde-se o argumento do consentimento prévio por parte do usuário, abrindo a startup a riscos.

Embora a política possa ser alterada, é importante tentar prever desde o início o tipo de uso que pode vir a ser feito com as informações. De tal modo, talvez não seja a melhor escolha incluir uma disposição de que o dado não poderá ser transferido comercialmente. Neste momento é útil lembrar que a grande parte dos gigantes da tecnologia se financiam pela venda de dados pessoais e que, principalmente considerando externalidades de rede, esta forma pode ser a melhor de garantir que sua startup conseguirá ter um número elevado de usuários e ainda se manter financeiramente estável.

Por outro lado, pode fazer sentido adicionar algo no gênero de que em nenhuma hipótese os dados pessoais serão compartilhados ou transferidos de maneira que permita a individualização, ou seja, quem vier a comprar os dados poderá saber padrões coletivos dos usuários como um todo, mas nunca as informações obtidas de um usuário em particular, muito menos de modo que permita identificar quem é este usuário.

Outro tipo de cuidado que deve ser tomado é sobre o tratamento de informações pessoais sensíveis. Este tipo de dado deve ser protegido em especial, uma vez que seu vazamento tende a causar prejuízos aos usuários. Mais que isso, no caso de modelos de negócios que lidam rotineiramente com este tipo de informação (pense em qualquer tipo de plataforma médica, aplicativo de regime, qualquer tipo de aplicativo que objetive criar uma experiência de anonimato para seus usuários, etc.) a política de privacidade deve ser especialmente robusta e seguida à risca para evitar prejuízos. Neste sentido, é importante mencionar que o grau de segurança a ser dado às informações coletadas deve ser proporcional à importância dessas. Consequentemente, se o modelo de negócios da *startup* pressupõe lidar com informações sigilosas dos usuários, deve-se tomar cuidado para que a plataforma já seja planejada e desenvolvida seguindo padrões elevados de segurança de informação.

Por fim, é importante deixar tanto a política de privacidade, quanto os termos de uso e a licença de uso em espaços acessíveis na plataforma.

4.2.4. *Legal Design*

A imagem que as pessoas têm dos documentos mencionados anteriormente é de que se trata de documentos infinitamente longos com linguagem e teor impenetrável. Um exemplo típico do descrito são os termos de uso do *iTunes*, plataforma digital de música da Apple, que normalmente são documentos gigantes, como pode ser visto na figura abaixo, na qual o documento está impresso em fonte tamanho 8. É evidente como este tipo de documento em nada condiz com o exposto anteriormente, ou seja, nada tem de simples ou transparente.

Este mesmo padrão pode ser observado também em outras áreas do direito, nas quais a comunicação entre o leigo e o especialista acaba sendo prejudicada pelo excesso de informação apresentada de maneira pouco compreensível.

Recentemente, tem surgido uma área de estudo que é a interseção entre direito e *design,* a chamada *legal* design. O objetivo deste campo é estabelecer e criar ferramentas, modelos e formas de pensar e comunicar o direito, tornando-o mais acessível e mais adaptado às nossas necessidades como pessoas.

Alguns projetos de *legal design* já identificaram a necessidade de rever a forma pela qual empresas comunicam suas políticas de privacidade e termos de uso com consumidores. Neste sentido, é interessante destacar o projeto iniciado no laboratório de *legal design* de Stanford, o *User-Centered Privacy Communication Design*. A descrição e conclusões desse projeto estão disponíveis *online*.[40]

---

40 Hagan, Margaret D., "Design de comunicação de privacidade centrado no usuário" (22 de junho de 2016). Anais do Simpósio sobre Privacidade e Segurança Utilizáveis (SOUPS) 2016, Denver, Colorado, 22 a 24 de junho de 2016. Disponível em: SSRN: https://ssrn.com/abstract=2981075

4.2.5. Marco Legal das *Startups*

Em 02 de junho de 2021, foi publicada a Lei Complementar 182/2021 também conhecida como “Marco Legal das Startups”, que estabelece uma série de regras e direcionamentos legislativos para fortalecer o ambiente empreendedor, simplificando processos e tornando o ambiente de negócios mais favorável e acolhedor para *startups*.

O Marco Legal é oportuno, tendo em vista o interesse de criar uma referência legislativa para pavimentar o ambiente empreendedor, tornando-o mais atrativo para potenciais investidores e que conversasse melhor e mais intensamente com o ecossistema das *startups*.

Há uma tendência clara — ainda que morosa — no contexto brasileiro de implementação de leis favoráveis ao empreendedorismo. O pontapé inicial foi dado com o Marco Civil da Internet (2014), seguido da Lei do Investidor Anjo (2016), IN de Crowdfunding (2017), Lei Geral de Proteção de Dados (2018) e o Marco Legal das Startups, sancionado em junho de 2021 e, mais recentemente, a publicação da Lei 14.195/2021.

O Marco propõe uma definição clara, baseada em critérios, do que seria uma startup. Nesse sentido, enquadra como startups as empresas — ainda que unipessoais — e sociedades cooperativas que atuam com inovação e disrupção aplicada a produtos, serviços e modelos de negócios (desde que constante em Ato Constitutivo ou Alterador). Para que as empresas se enquadrem como startups, devem ter rendimento bruto de até R$ 16 milhões contabilizados no ano anterior, e no máximo 10 anos de inscrição no CNPJ. As startups também deverão declarar, no ato constitutivo, o uso de modelos inovadores ou que se enquadrem no regime do Inova Simples, previsto no Estatuto da Micro e Pequena Empresa.

Além disso, o Marco é estruturado em eixos temáticos, pilares de atuação que norteiam a regulamentação do tema no Projeto de Lei. Os eixos que podem ser destacados são: Desburocratização do Ambiente de Negócios; Investimentos; Relações Trabalhistas e Licitações Públicas.

É evidente que sempre há espaço para avançar, e ainda existem campos nos quais o debate ainda é bastante incipiente — como inteligência artificial, por exemplo — com muitos assuntos carentes de atenção pela legislação brasileira. Por outro lado, é certo que a existência de resposta do Poder Legislativo aos avanços tecnológicos e ao crescimento da relevância do empreendedorismo no âmbito da economia brasileira é um importante passo rumo a um ecossistema mais robusto e próspero.

4.2.5.1. Desburocratização do Ambiente de Negócios

Um dos principais eixos do Marco Legal é o da redução de burocracia, facilitando a importação de insumos tecnológicos e tornando o ambiente de negócios mais propício e simplificado ao crescimento e tração da *startup*.

Algumas medidas relevantes atreladas a esse eixo foram viabilizadas, como a criação de um regime de tributação especial — dentro do Inova Simples — que isenta as startups enquadradas de acordo com a lei de taxas e impostos demasiados para a abertura, inscrição e registro de empresas.

A simplificação de regras para a criação de sociedades anônimas, permitindo que *startups* emitam valores mobiliários e a instituição de condições facilitadas para startups por meio da criação do regime de "Sociedade Anônima Simplificada" também são importantes modificações trazidas pelo Marco Legal.

Outra grande modificação é o incentivo ao estabelecimento de ambientes regulatórios flexíveis e experimentais (*sandboxes* regulatórios), afastando a incidência de regras para projetos inovadores que carecem, em um primeiro momento, de testes aptos a verificar sua viabilidade e adaptação no mercado.

Foi prevista também, conforme mencionado anteriormente, a instauração de processos simplificados e prioritários de registro de marcas e patentes, por meio do regime especial do Inova Simples, que será melhor descrito adiante.

Além das alterações trazidas pelo Marco Legal das Startups, também a Lei 14.195/2021, que ficou conhecida como Lei do Ambiente de Negócios, proporcionou uma importante desburocratização do empreendedorismo inovador do Brasil. Dentre as alterações trazidas pela Lei, destacam-se (i) a possibilidade de exercício da atividade empresarial em ambiente virtual — hipótese em que o domicílio fiscal da empresa poderá ser a residência de um dos sócios; (ii) a formalização da possibilidade de assembleias gerais por meios eletrônicos, o que já era expressamente permitido pela Lei 14.010/2020; e (iii) a extinção das EIRELIs, já que, desde a Lei 13.874/19, é permitida a criação de sociedades limitadas unipessoais.

4.2.5.2. Facilitação para Investimentos

O Marco Legal buscou tornar a captação de recursos e investimentos mais acessível e descomplicada, visando um ecossistema empreendedor no Brasil mais atrativo para a atuação de fundos de capital de risco e investidores-anjo.

Novamente foi reforçado que os investidores não responderão, *a priori*, por dívidas da empresa com seu patrimônio (estando fora do escopo e da possibilidade de desconsideração da personalidade jurídica).

Houve também ampliação de linhas de crédito em bancos públicos voltadas especificamente para startups. Além disso, o texto expressamente afirma que o investidor-anjo não se torna automaticamente sócio da empresa ou passa a ter direitos de gestão. No entanto, permite a sua participação, de forma consultiva, em deliberações contábeis e acesso às contas e balanços da *startup*.

Por outro lado, infelizmente foi vetada do projeto original a possibilidade do investidor-anjo (pessoa física) ter um tratamento fiscal menos oneroso (por exemplo via investimento em Fundos de Investimento em Participação), o que possibilitaria dedução do imposto de renda para quem investisse em *startups*.

4.2.5.3. Relações Trabalhistas

O modelo e as formas de trabalho relacionadas às startups possuem particularidades e características próprias, por vezes incompreendidas aos olhos do mercado, dado seu extremo dinamismo. Com a finalidade de trazer mais estabilidade e segurança jurídica, foram previstas medidas diferenciadas como o Contrato por Prazo Determinado aplicável a *startups*.

A CLT determina, em seu art. 445, que os Contratos de Trabalho por Prazo Determinado devem ser fixados por no máximo dois anos, sendo possível a prorrogação por igual período. O Marco Legal das Startups flexibilizou esse ponto, fixando o prazo imediato e máximo de 4 anos, improrrogáveis.

Também é possível, com o novo marco, o estabelecimento de um período inicial de experiência de até 180 dias, e após isso o contrato passa a ser por prazo indeterminado, permitindo uma avaliação mais calma e confortável acerca da viabilidade da contratação quando comparada aos 90 dias fixados pela CLT. As *startups* também não precisarão aguardar o prazo de 18 meses para recontratar antigos colaboradores, podendo haver a recontratação logo após a demissão, caso preciso.

Por fim, o marco prevê a possibilidade de remuneração variável, de acordo com a produtividade da empresa ou do time de empregados. Com essa autorização legal, caso o faturamento venha a diminuir, a renda dos trabalhadores também pode ser diminuída. Isso também vale para o aumento da remuneração.

Tais previsões mitigam muitos riscos trabalhistas comumente associados ao modelo das *startups*, diminuindo eventuais encargos e facilitando a operação e a formação de times pela empresa.

4.2.5.4. Licitações Públicas

O texto estabelece ainda que a administração pública poderá contratar pessoas físicas ou jurídicas, de forma isolada ou em consórcio, para testar soluções inovadoras que envolvam inovação, tecnologia e risco por meio de uma modalidade específica de licitação, a qual se restringe à indicação do problema, dos resultados esperados e os desafios tecnológicos a serem superados. A solução se aplica somente a startups enquadradas de acordo com o Marco Legal.

O Marco cria regras específicas para contratação de "soluções inovadoras" por parte dos Poderes da Administração Pública, seja em nível federal, municipal ou estadual.

Essa modalidade especial de contratação visa resolver demandas de políticas públicas que requeiram soluções inovadoras e tecnológicas e promover a inovação no setor produtivo através do poder de compra do Estado. O edital de licitação deve ser divulgado com antecedência de 30 (trinta) dias e serão julgadas as propostas por comissões especializadas. É possível a escolha de mais de uma proposta e os critérios de escolha levam em conta o grau desenvolvimento e inovação das soluções

4.2.5.5. Questões Relevantes

O Marco Legal consolidou regras de regulação setorial para explorar ambientes regulatórios experimentais, afastando a incidência de normas regulatórias e viabilizando que startups testem projetos inovadores com menor investimento e em menor tempo que o normalmente aplicável à obtenção das respectivas licenças plenas. No entanto, iniciativas de *Sandbox Regulatório* já vinham acontecendo com liderança de diversos órgãos, entre eles a Comissão de Valores Mobiliários (CVM) e do Banco Central (BACEN).

Infelizmente, como mencionado no Capítulo acima, não houve regulação específica mais benéfica do Contrato de *Stock Option*, contratos de grande relevância para captação e retenção de talentos. Também não houve regulação mais benéfica do regime de investimento via Mútuo Conversível, modelo amplamente utilizado por fundos de Venture Capital.

A despeito disso, o cenário é de otimismo, e a aprovação de um Marco Legal voltado especialmente para startups demonstra que o poder público está preocupado com os rumos da inovação e do empreendedorismo no país.

► 5. Aspectos societários de *startups*. Tipos de sociedade. Acordo de sócios. Planejamento tributário de *startups*. Regimes de tributação e incentivos fiscais.

5.1. A importância de uma sociedade

Uma sociedade é o meio eficaz para que os fundadores de uma empresa ajustem entre si as obrigações com o negócio. Além disso, quando as sociedades têm personalidades jurídicas, cria-se o efeito de limitar a responsabilidade dos sócios perante o negócio.

A limitação de responsabilidade é um mecanismo de proteção patrimonial pelo qual os sócios somente podem responder pelas obrigações da sociedade até determinado limite estabelecido em lei.

Assim, ao ingressar em uma sociedade com personalidade jurídica e limitação de responsabilidade, o sócio teoricamente sabe qual é seu risco em potencial.[41]

A razão de ser desse instituto é trazer segurança jurídica e previsibilidade aos sócios, permitindo a mensuração objetiva do risco econômico e, assim, incentivar que um maior número de pessoas assuma os riscos de embarcar em um ou mais negócios[42].

De outro lado, se qualquer investimento pudesse gerar prejuízos ilimitados, ensejando a perda de todo o

---

41 Diz-se teoricamente pois há casos em que pode haver desconsideração da personalidade jurídica e responsabilização dos sócios por obrigações sociais.

42 Código Civil, Art. 49-A. A pessoa jurídica não se confunde com os seus sócios, associados, instituidores ou administradores.
Parágrafo único. A autonomia patrimonial das pessoas jurídicas é um instrumento lícito de alocação e segregação de riscos, estabelecido pela lei com a finalidade de estimular empreendimentos, para a geração de empregos, tributo, renda e inovação em benefício de todos.

patrimônio do investidor, haveria o desestímulo à assunção de riscos.

É assim que a escolha e correta constituição de uma sociedade com personalidade jurídica e com responsabilidade limitada gera benefício para os investidores, que deixam de responder por todo prejuízo ou dívida incorridos no âmbito da sociedade.

Deve-se mencionar que esta limitação de responsabilidade não é absoluta, havendo hipóteses em que a personalidade jurídica poderá ser desconsiderada para se atingir o patrimônio pessoal dos sócios, notadamente quando ocorrer algum tipo de abuso desta proteção.

De um lado, a premissa da limitação da responsabilidade do sócio é a segmentação e especialização dos patrimônios.

Consequentemente, havendo por parte dos sócios ou administradores algum tipo de junção, administração conjunta entre um patrimônio e o outro, a limitação da responsabilidade deixa de existir. É o caso do sócio que confunde suas próprias finanças com as do negócio, pagando contas da sociedade com o dinheiro pessoal e vice-versa.

Neste cenário há a chamada confusão patrimonial, que é uma das hipóteses nas quais há a desconsideração da personalidade jurídica e o patrimônio do sócio pode ser executado em função de dívidas da sociedade.

Além disso, é importante sublinhar que toda sociedade é criada para exercer uma atividade ou um conjunto de atividades específicas, não podendo entrar em negócios estranhos ao que foi definido no seu estatuto como seu objeto social, sob pena de configurar desvio de finalidade.

Tradicionalmente, o Código Civil de 2002 prevê duas hipóteses de desconsideração da personalidade jurídica que permite executar o patrimônio dos sócios e administradores por dívidas das sociedades, justamente as já citadas (i) confusão patrimonial; e (ii) desvio de finalidade.

Todavia, o regramento do instituto da desconsideração sofreu alterações pela Medida Provisória nº. 881/19, convertida na Lei nº. 13.874/19, que modificou, entre outros dispositivos legais, o art. 50 do Código Civil.

Inicialmente, tanto em caso de confusão patrimonial como de desvio de finalidade, a letra da lei permitia atingir qualquer dos sócios ou administradores. Já a nova redação restringe esta possibilidade àqueles que se beneficiaram direta ou indiretamente pelo abuso.[43]

Além disso, os atos que caracterizam confusão patrimonial[44] apta a ensejar a desconsideração da personalidade foram tipificados e receberam uma descrição mais restritiva se comparado com a previsão anterior. São três as hipóteses de confusão patrimonial legalmente previstas atualmente:

Primeiro, em caso de pagamento de obrigações da sociedade pelo sócio ou o inverso, passou-se a exigir que esta conduta seja repetitiva e habitual. Não bastaria mais

---

43 Código Civil
Art. 50. Em caso de abuso da personalidade jurídica, caracterizado pelo desvio de finalidade ou pela confusão patrimonial, pode o juiz, a requerimento da parte, ou do Ministério Público quando lhe couber intervir no processo, desconsiderá-la para que os efeitos de certas e determinadas relações de obrigações sejam estendidos aos bens particulares de administradores ou de sócios da pessoa jurídica beneficiados direta ou indiretamente pelo abuso.

44 Código Civil
Art. 50. (...)
§ 2° Entende-se por confusão patrimonial a ausência de separação de fato entre os patrimônios, caracterizada por:
I — cumprimento repetitivo pela sociedade de obrigações do sócio ou do administrador ou vice-versa;
II — transferência de ativos ou de passivos sem efetivas contraprestações, exceto os de valor proporcionalmente insignificante; e
III — outros atos de descumprimento da autonomia patrimonial.
§ 3° O disposto no caput e nos §§ 1° e 2° deste artigo também se aplica à extensão das obrigações de sócios ou de administradores à pessoa jurídica.

um ato isolado ou poucos atos distantes entre si, como ocorria no regramento anterior.

Segundo, na hipótese de transferência de ativos ou passivos entre sócio e sociedade sem contraprestação. Se qualquer evento desta natureza anteriormente implicaria na possibilidade de desconsideração da personalidade jurídica, agora não mais. Isso porque, caso se trate de bens, serviços ou créditos de pequeno valor, eles não mais estariam aptos a configurar o instituto da confusão patrimonial. Algo como uma confusão de bagatela, que se tornou legalmente desprezível.

Por fim, em terceiro lugar, o dispositivo estabelece uma cláusula aberta, para "outros atos" de descumprimento da autonomia patrimonial, que dependem do contexto para serem avaliados. Embora esta cláusula aberta pareça ir no sentido contrário, a verdade é que as duas primeiras já foram o suficiente para restringir em muito as hipóteses de ocorrência do instituto.

O conceito de desvio de finalidade[45] para fins de desconsideração da personalidade também sofreu redução legal. Hoje, só se configura desvio de finalidade se os atos, além de extrapolarem o objeto social, também tiverem o propósito de lesar credores ou praticar atos ilícitos de qualquer natureza. Acrescentou-se um elemento subjetivo — doloso — e com finalidades específicas.

Além disso, "não constitui desvio de finalidade a mera expansão ou a alteração da finalidade original da atividade econômica específica da pessoa jurídica".

---

45 Código Civil
Art. 50. (...)
§ 1° Para os fins do disposto neste artigo, desvio de finalidade é a utilização da pessoa jurídica com o propósito de lesar credores e para a prática de atos ilícitos de qualquer natureza.
§ 5° Não constitui desvio de finalidade a mera expansão ou a alteração da finalidade original da atividade econômica específica da pessoa jurídica.

Esta alteração em especial tem sofrido críticas de alguns, pois, se de um lado pode tornar mais fácil pivotar a atividade da empresa, por outro pode esvaziar o conceito de desvio de finalidade para fins de desconsideração da personalidade jurídica e pode mesmo facilitar a atuação de administradores mal-intencionados.[46]

Como se percebe, o Código Civil adotou uma série de exigências para permitir a desconsideração da personalidade jurídica nas atividades por ele regulamentadas. Trata-se, mesmo antes das inovações apontadas, do que doutrina habituou-se denominar "teoria maior" da desconsideração, pois possui maiores requisitos para ser efetivada que a simples inexistência de patrimônio da sociedade, sendo vocacionada apenas a coibir fraudes e abuso da personalidade jurídica.

Todavia, também existem outras hipóteses de desconsideração da personalidade jurídica, nas quais há bem menos exigências, sendo por tanto, abraçadas pela "teoria menor" da desconsideração. Esta segunda não é o padrão na legislação brasileira, porém é possível que seja utilizada em determinadas situações, em especial

---

46 "Cogite-se, por exemplo, da situação em que o sócio administrador de sociedade empresária por quotas de responsabilidade limitada pratique atos, à margem do conhecimento dos demais sócios, que importem na alteração da atividade econômica exercida pela organização societária, e que de tais atos resultem situações prejudiciais aos credores, que, ao não encontrarem amparo de seu crédito no patrimônio social, pretendem ver superada a limitação de responsabilidade própria daquele tipo societário. Nessa e em outras situações análogas, não seria possível falar em desvio de finalidade, a autorizar a desconsideração da personalidade jurídica para atingir, no caso utilizado como exemplo, o patrimônio específico do administrador?
Entendo que o texto do novo §5º do artigo 50 do Código Civil, erigido sob a premissa de conferir maior segurança jurídica à atividade empresarial, na forma como construído e aliado à exigência de demonstração da existência de dolo na conduta praticada (§1º do mesmo artigo), servirá de apoio para que, na prática, se torne ainda mais cômodo para o empresário mal intencionado lesar credores, com especial prejuízo para os pequenos, que terão de enfrentar a (agora bem mais) tortuosa via judicial para reconhecimento da ilicitude e, quiçá no futuro distante, satisfazer o seu crédito." ANDRADE, Raphael. Disponível em: https://www.conjur.com.br/2019-set-19/opiniao-disciplina-desvio-finalidade-codigo-civil, acessado em 18/04/2022.

para pagamento de dívidas trabalhistas, consumeristas ou ambientais.[47]

Dito isso, cabe sublinhar que, se por um lado os sócios não respondem pelas dívidas da sociedade, o inverso também é verdade. Isso é, a sociedade não responde pelas dívidas dos sócios.

A esta característica se dá o nome de autonomia patrimonial. Interessantemente, talvez até mais do que a limitação de responsabilidade, a autonomia patrimonial também promove grande incentivo a investimentos.

Havendo autonomia patrimonial, há estímulos às pessoas entrarem em sociedade com outras, uma vez que o negócio não estará sujeito às dívidas que os demais sócios já possuam ou venham a contrair.

Para ilustrar melhor o ponto e a importância desta característica, imagine o caso de dois sócios que tem sob titularidade de pessoas físicas uma loja de roupas. Esses sócios dividem entre si os ativos necessários à atividade: um deles é dono das roupas e o outro é dono do imóvel. Acontece que o sócio dono do imóvel está endividado e os credores executam a dívida. A consequência disto é que, se os credores tomarem o imóvel no qual funciona a loja, ambos os sócios deixarão de ter condições de operar a sociedade, independentemente do fato de um deles não ter nenhuma dívida.

Por outro lado, se esses sócios tivessem uma sociedade com personalidade jurídica, poderiam deixar os ativos como propriedade da sociedade e um não precisaria se preocupar com as dívidas do outro.

---

47 Silva, Fabiane Peres da. "Desconsideração da Personalidade Jurídica: Teoria Maior e Teoria Menor." Jus.com.br, Jus Navigandi, 5 nov. 2016, jus.com.br/artigos/40707/as-teorias-menor-e-maior-da-desconsideracao-da-personalidade-juridica.

Evidentemente, a autonomia patrimonial não é absoluta, podendo ocorrer a chamada desconsideração reversa,[48] que é basicamente a desconsideração da personalidade jurídica de uma sociedade para que esta responda por dívida de um sócio.

Assim como no caso da desconsideração da personalidade jurídica normal, a desconsideração reversa pressupõe (em regra) algum tipo de abuso. Um exemplo típico no qual haveria a desconsideração reversa seria o de uma pessoa endividada que aporta todo seu patrimônio em uma sociedade como forma de fraudar seus credores.

5.2. Elementos essenciais da Sociedade

O direito brasileiro prevê uma grande variedade de tipos de sociedades. Contudo, na prática, são utilizados dois tipos de sociedade principalmente: a sociedade de responsabilidade limitada (identificada normalmente pelo nome terminado em limitada ou Ltda.) e a sociedade anônima (identificada pelo nome terminado em S.A ou iniciando em Cia. ou Companhia).

A formação destas sociedades, contudo, depende do preenchimento de alguns requisitos, mencionados a seguir.

5.2.1. Pluralidade de sócios

Um requisito tradicional de sociedades é, como o nome indica, a sociedade de pessoas, ou seja, a plurali-

---

48 Código Civil
Art. 50. (...)
§ 3º O disposto no caput e nos §§ 1º e 2º deste artigo também se aplica à extensão das obrigações de sócios ou de administradores à pessoa jurídica.

dade de sócios. Mas há exceções de longa data, como a prevista no artigo 251 da Lei de Sociedades por Ações (L. 6.404/76)[49] da subsidiária integral, que é uma Sociedade Anônima (S.A.) cujas ações são detidas integralmente por outra S.A. O ordenamento pátrio também previa a EIRELI, Empresa Individual de Responsabilidade Limitada, que, embora tecnicamente não fosse uma sociedade, possuía semelhanças. Todavia, a Lei 13.874/19, que converteu a MP 881/19, alterou o art. 1.052 do CC, permitindo a existência de Sociedades Limitadas Unipessoais. Em razão disso, a existência da EIRELI deixou de fazer sentido, motivo pelo qual o Art. 41 da Lei nº. 14.195/2021 determinou a conversão de todas as EIRELIs em Sociedades Limitadas unipessoais.

5.2.2. Capital Social

O capital social é a medida dos deveres e direitos do sócio perante a sociedade e é, também, o montante das contribuições feitas pelos sócios para iniciar a empresa. Neste sentido, não há em regra no Brasil um valor mínimo de aporte para a sociedade. Algumas exceções notáveis são instituições bancárias[50] e seguradoras,[51] assim como também era a EIRELI, que foi extinta.

O capital social é composto por quotas (no caso de sociedades limitadas) ou ações (no caso de S.A.s) em quanti-

49 Art. 251. A companhia pode ser constituída, mediante escritura pública, tendo como único acionista a sociedade brasileira.

50 A Resolução número 2.607/99 do Banco Central estabelece um valor mínimo de capital social integralizado para o funcionamento de instituições financeiras. O valor é diferente dependendo do tipo de instituição financeira em questão.

51 A Resolução número 73 do Conselho Nacional de Seguros Privados (CNSP) estabelece exigência de capital social mínimo no caso de seguradoras em diversos dispositivos. Ex:
Art. 1º O capital mínimo da sociedade seguradora autorizada a operar no grupamento de seguros dos ramos elementares em todas as regiões do País não poderá ser inferior a R$ 7.200.000,00 (sete milhões e duzentos mil reais).

dade e valor determinado livremente pelos sócios.[52] Neste sentido, pode ser determinado que o capital social de R$ 100,00 de uma sociedade será dividido em 2 quotas, uma de R$1,00 e outra de R$ 99,00 ou que será dividido em 10 quotas de R$ 10,00. É comum que o capital social seja dividido em quotas de R$ 1,00, mas não há obrigatoriedade.

Vale mencionar também que a lei não exige que ações tenham valor nominal, ou seja, não é necessário estabelecer um valor em real para as ações de uma companhia.[53] Geralmente esta opção é utilizada por questões de praticidade.

Quando a sociedade é constituída (e quando o capital social é aumentado), são emitidas novas quotas ou ações que serão subscritas pelos sócios. A subscrição é o ato pelo qual o sócio se compromete a realizar um aporte na sociedade no valor determinado.

Quando o aporte correspondente às quotas for realizado, diz-se que o capital está integralizado.

É possível que sejam emitidas quotas ou ações sem que o valor correspondente a estas já tenha sido aportado na sociedade.

Em relação a este aporte, a integralização do capital social pode ser realizada em espécie ou por meio de bens (caso no qual se deve seguir um procedimento especial).[54]

---

52 Código Civil - Art. 1.055. O capital social divide-se em quotas, iguais ou desiguais, cabendo uma ou diversas a cada sócio.

53 Lei 6.404/76 - Art. 11. O estatuto fixará o número das ações em que se divide o capital social e estabelecerá se as ações terão, ou não, valor nominal.

54 Código Civil — Art. 1.055. (...)§ 1o Pela exata estimação de bens conferidos ao capital social respondem solidariamente todos os sócios, até o prazo de cinco anos da data do registro da sociedade.
Lei 6.404/76 — Art. 7º O capital social poderá ser formado com contribuições em dinheiro ou em qualquer espécie de bens suscetíveis de avaliação em dinheiro.
Art. 8º A avaliação dos bens será feita por 3 (três) peritos ou por empresa especializada, nomeados em assembleia-geral dos subscritores, convocada pela imprensa e presidida por um dos fundadores, instalando-se em primeira convocação com a presença de subscritores que representem metade, pelo menos, do capital social, e em segunda convocação com qualquer número.

Não é possível que os sócios integralizem o capital social com serviços.[55] O motivo para esta vedação (e para o procedimento especial na integralização com bens) é que o capital social serve, ao menos parcialmente, como uma garantia de capital aos credores, ou seja, há uma expectativa dos credores de que ao menos o valor do capital social foi investido na sociedade, o que é um indicador (ainda que incompleto e, portanto, ruim) do patrimônio da sociedade.

Por fim, atenta-se para o fato de que não se confunde capital social e patrimônio. Enquanto o capital social é o valor investido pelos sócios na empresa, o patrimônio é o conjunto total de bens da sociedade. De tal modo, embora de início os valores sejam os mesmos, a partir do início das operações já começam a divergir.

5.2.3. Tipos de sociedades:

5.2.3.1. Sociedade Limitada

Regência — A sociedade limitada é a regrada pelo Código Civil brasileiro, entre os artigos 1.052 e 1.087. Devendo estes dispositivos serem complementados ou pelas normas aplicáveis a sociedades simples ou pela LSA.[56] Deve-se observar que, na prática, tende-se a optar pela

55 Lei 6.404/76 — Art. 7º O capital social poderá ser formado com contribuições em dinheiro ou em qualquer espécie de bens suscetíveis de avaliação em dinheiro.
Código Civil — Art. 1.055. O capital social divide-se em quotas, iguais ou desiguais, cabendo uma ou diversas a cada sócio.
§ 2o É vedada a contribuição que consista em prestação de serviços.

56 Código Civil — Art. 1.053. A sociedade limitada rege-se, nas omissões deste Capítulo, pelas normas da sociedade simples.
Parágrafo único. O contrato social poderá prever a regência supletiva da sociedade limitada pelas normas da sociedade anônima.

regência supletiva pelas regras aplicáveis a S.A.s, o motivo desta opção é que estas regras permitem aos sócios mais flexibilidade do que as regras de sociedades simples;

Responsabilidade dos sócios — Salvo nos casos de desconsideração, a responsabilidade de cada sócio é restrita ao valor de suas respectivas quotas, porém na sociedade limitada todos os sócios respondem solidariamente pela integralização do capital social (significa que, se parte do capital social não tiver sido integralizado, eventual credor poderá, quando da execução de crédito, buscar o patrimônio privado de qualquer sócio até o limite do montante que falta para integralizar o capital social);[57]

Deliberações sociais — Os *quóruns* de deliberação de limitadas estão estabelecidos principalmente nos artigos 1.071 e 1.076 do Código Civil (conforme tabela abaixo). As exceções referem-se ao quórum de transformação que é de unanimidade, salvo se previsto no Contrato Social[58] e de eleição e destituição de administrador, que depende se é sócio ou não e se está sendo eleito no contrato social ou em ato apartado;[59]

57 Código Civil — Art. 1.052. Na sociedade limitada, a responsabilidade de cada sócio é restrita ao valor de suas quotas, mas todos respondem solidariamente pela integralização do capital social.

58 Código Civil — Art. 1.114. A transformação depende do consentimento de todos os sócios, salvo se prevista no ato constitutivo, caso em que o dissidente poderá retirar-se da sociedade, aplicando-se, no silêncio do estatuto ou do contrato social, o disposto no art. 1.031.

59 Vide artigos 1.061, 1.063, §3º, 1.066, §2º, 1.071, II e 1.076, II, todos do Código Civil.

DELIBERAÇÃO	QUORUM
Modificação do contrato social	Maioria do capital social
Incorporação, fusão e dissolução da sociedade ou a cessação do estado de liquidação	
Designação dos administradores, quando feita em ato em separado	
Destituição de administradores	
Remuneração dos administradores, quando não estabelecido no contrato social	
Pedido de concordata	
Aprovação de contas da administração	Maioria simples
Nomeação e destituição dos liquidantes e o julgamento das suas contas	
Demais casos previstos em lei ou no contrato, se este não exigir maioria mais elevada	

Administração – não há forma determinada para a administração da sociedade, podendo os sócios decidir pela forma que acharem mais conveniente, sendo exigido ao menos um administrador. A Lei 14.195/21 também permitiu que sejam nomeados administradores não-residentes, desde que apontem um procurador residente no Brasil com poderes para receber citação.

5.2.3.2. Sociedade Anônima

Regência — Lei das Sociedade por Ações (Lei 6.404/76 ou LSA) e, em caso de ser aberta, deverá respeitar a regulação da Comissão de Valores Mobiliários (CVM);

Responsabilidade dos sócios — A responsabilidade dos acionistas (salvo em casos excepcionais) está limitada ao preço de emissão das ações subscritas ou adquiridas,[60] de modo que, integralizadas suas respectivas ações, o acionista não poderia ser responsabilizado;

Deliberações sociais — A regra geral é que as deliberações se tomem pela maioria de votos.[61] As exceções são as matérias previstas no artigo 136 da LSA,[62] que exi-

---

60 LSA — Art. 1º A companhia ou sociedade anônima terá o capital dividido em ações, e a responsabilidade dos sócios ou acionistas será limitada ao preço de emissão das ações subscritas ou adquiridas.

61 LSA — Art. 129. As deliberações da assembleia-geral, ressalvadas as exceções previstas em lei, serão tomadas por maioria absoluta de votos, não se computando os votos em branco.

62 Art. 136. É necessária a aprovação de acionistas que representem metade, no mínimo, das ações com direito a voto, se maior quórum não for exigido pelo estatuto da companhia cujas ações não estejam admitidas à negociação em bolsa ou no mercado de balcão, para deliberação sobre:
I — criação de ações preferenciais ou aumento de classe de ações preferenciais existentes, sem guardar proporção com as demais classes de ações preferenciais, salvo se já previstos ou autorizados pelo estatuto;
II — alteração nas preferências, vantagens e condições de resgate ou amortização de uma ou mais classes de ações preferenciais, ou criação de nova classe mais favorecida;
III — redução do dividendo obrigatório;
IV — fusão da companhia, ou sua incorporação em outra;
V — participação em grupo de sociedades (art. 265);
VI — mudança do objeto da companhia;
VII — cessação do estado de liquidação da companhia;
VIII — criação de partes beneficiárias;
IX — cisão da companhia;
X — dissolução da companhia.

gem maioria absoluta, e as matérias dos artigos 221[63] e 229, §5º[64] da LSA e do artigo 1.127 do Código Civil.[65]

Administração — A S.A. tem a estrutura da administração um pouco mais engessada do que a limitada. Nas companhias abertas, é obrigatório que exista, além da assembleia geral (o órgão de deliberação dos acionistas), um conselho de administração, uma diretoria com pelo menos 1 (um) diretor e um conselho fiscal (este não precisa estar em funcionamento constante). Nas companhias fechadas, o conselho de administração não é obrigatório. A Lei 14.195/21 também permitiu que sejam nomeados diretores não-residentes, desde que apontem um procurador residente no Brasil com poderes para receber citação.

Voto Plural: a Lei 14.195/21 trouxe a possibilidade de atribuição de mais de um voto por ação em determinada classe do capital social de uma sociedade anônima, possibilidade que era expressamente vedada anteriormente. De acordo com o art. 110 — A da Lei das S.A., poderão usufruir do voto plural (até dez votos por ação, conforme acordado em assembleia geral) os acionistas

---

63 LSA – Art. 221. A transformação exige o consentimento unânime dos sócios ou acionistas, salvo se prevista no estatuto ou no contrato social, caso em que o sócio dissidente terá o direito de retirar-se da sociedade.

64 LSA – Art. 229. A cisão é a operação pela qual a companhia transfere parcelas do seu patrimônio para uma ou mais sociedades, constituídas para esse fim ou já existentes, extinguindo-se a companhia cindida, se houver versão de todo o seu patrimônio, ou dividindo-se o seu capital, se parcial a versão.
(...)
§ 5º As ações integralizadas com parcelas de patrimônio da companhia cindida serão atribuídas a seus titulares, em substituição às extintas, na proporção das que possuíam; a atribuição em proporção diferente requer aprovação de todos os titulares, inclusive das ações sem direito a voto.

65 Código Civil Art. 1.127. Não haverá mudança de nacionalidade de sociedade brasileira sem o consentimento unânime dos sócios ou acionistas.

de companhias fechadas e os acionistas de companhias abertas, desde que a criação da classe que outorgue o voto plural seja anterior a negociação de ações ou valores mobiliários conversíveis em ações.

Outras informações — A S.A é o tipo societário que pode vir a emitir uma gama variada de valores mobiliários, o que pode facilitar a captação de recursos.

5.2.4. Escolha entre Ltda. e S.A.

A escolha entre Ltda. e S.A. não é simples, visto que cada um dos tipos de sociedade possui vantagens e desvantagens.

Tratando de modo geral, a Ltda. tende a ter menos exigências formais que a S.A. e mais opções tributárias, como exposto a seguir. Por outro lado, os sócios da Ltda. possuem menos liberdade do que em S.A. para realizar arranjos contratuais complexos e não pode emitir nenhum valor mobiliário.

A S.A. tem a vantagem de permitir arranjos contratuais mais complexos e pode emitir valores mobiliários. Por outro lado, tende a ter um custo de manutenção mais elevado tendo em vista o maior número de obrigações legais; tem uma estrutura de administração mais robusta (o que pode ser bom ou ruim a depender do negócio); e tem acesso a menos opções tributárias.

Embora extremamente reducionista, uma forma generalizada de escolher entre os tipos de sociedades é utilizar sociedades limitadas para negócios em fases iniciais (a opção pelo simples nacional, o menor custo de manutenção e estrutura administrativa mais leve acabam sendo relevantes) e transformar a sociedade em uma S.A. quando crescer ou quando receber investimento (de modo a poderem ser estabelecidos arranjos contratuais mais elaborados e, eventualmente, emitir valores mobiliários).

Vale destacar que a edição do Marco Legal das Startups e da Lei 14.195/21 reduziram o custo de observância para constituição e manutenção de sociedades anônimas de menor porte, inclusive abolindo em determinadas situações a necessidade de publicação dos atos societários e demonstrações financeiras em jornais de grande circulação, bem como outras flexibilizações, o que pode viabilizar a utilização do modelo de S.A. em determinados casos.

5.2.5. Acordo de Acionistas e de Quotistas

Estes são contratos parassociais que podem ser celebrados entre os sócios para regular a relação entre si e com a sociedade. A grande vantagem do Acordo de Acionistas é que permite aos sócios vincularem seus votos, o que enseja o estabelecimento de uma gama variada de direitos no âmbito da sociedade.[66]

Embora o Acordo de Acionistas esteja previsto em lei, o mesmo não pode ser dito em relação ao Acordo de Quotistas. Contudo, não havendo proibição expressa

66 LSA – Art. 118. Os acordos de acionistas, sobre a compra e venda de suas ações, preferência para adquiri-las, exercício do direito a voto, ou do poder de controle deverão ser observados pela companhia quando arquivados na sua sede.
(...)
§ 8o O presidente da assembleia ou do órgão colegiado de deliberação da companhia não computará o voto proferido com infração de acordo de acionistas devidamente arquivado.

a este, o consenso é de que seria permitido aos fundadores de uma sociedade limitada celebrar um contrato deste tipo. Uma indicação importante a ser feita é de que será importante incluir no Contrato Social uma cláusula com teor semelhante ao artigo 118 *caput* e §8º, de modo que seja possível aos sócios vincularem seus votos pelo acordo.

Esta vinculação de voto se torna muito importante, principalmente, quando há um número grande de sócios. Nestes casos, por exemplo, sendo realizada uma reunião prévia para deliberar sobre uma matéria que exija quórum qualificado, mesmo que somente a maioria simples dos sócios votem a favor, se o acordo de quotistas (ou acionistas) vincular o voto de todas as partes e não prever quórum qualificado próprio, a deliberação, em assembleia, será aprovada.

O mesmo não aconteceria caso não tivesse sido celebrado acordo, uma vez que os sócios não teriam conseguido a maioria qualificada necessária para a aprovação da matéria.

Evidentemente, também é possível utilizar esse mecanismo de vincular voto de outras maneiras, como, por exemplo, dando direito de veto sobre determinadas matérias para algum sócio, permitindo que cada sócio escolha um administrador, deixando "pré-aprovados" aumentos de capital, entre outros.

Além do anterior, acordos de acionistas e de quotistas vão muito além da possibilidade de vincular voto. É possível estabelecer cláusula de *shotgun*, direitos de preferência, direitos de primeira oferta, cláusulas de não concorrência, entre outros. Vale notar que estas cláusulas serão abordadas mais profundamente na seção própria.

5.3. Aspectos fiscais de *startups*

Tributos são custos para empresas e pessoas. De tal modo, é inevitável que a escolha e forma de tributação venha a influenciar o comportamento de entes privados. Em realidade, é justamente isto que se objetiva em alguns casos, com a chamada extrafiscalidade.

Neste sentido, a tributação não é somente uma forma de arrecadar recursos para o Estado, mas sim de influenciar as decisões de particulares no exercício de suas atividades. Pensa-se, por exemplo, em um imposto sobre a venda de cigarros. Se este imposto aumentar, o preço do cigarro aumenta e, com base na lei da oferta e da demanda, a demanda por cigarro deveria diminuir.

Evidentemente, a relação entre incentivos e tributos raramente é tão simples quanto o exemplo anterior. De tal modo, a análise das possibilidades de tributação e de como cada uma dessas modalidades se relaciona com as demais acaba por permitir uma compreensão mais aprofundada do sistema tributário em sua relação com a economia e a política.

O tributo pode incidir sobre três substratos diferentes. Primeiramente, pode incidir sobre a renda, ou seja, o imposto é pago sobre os valores recebidos. Este tipo de imposto tende a ser considerado o mais neutro em relação a incentivos, visto que tende a atingir pessoas de formas semelhantes e não onera desproporcionalmente uma atividade sobre outra.

O segundo substrato de tributação é o consumo, que incide sobre a aquisição de bens e serviços. Impostos sobre consumo tendem a ser muito utilizados para manipular incentivos (o exemplo do cigarro anterior é de um imposto sobre consumo). Contudo, este tipo de imposto tende a onerar mais populações com menor poder aquisitivo. Isto ocorre na medida que quanto menor sua renda, maior o percentual dela que você tem que gastar para fazer frente a seus custos diários. Consequentemente, populações de baixa renda tendem a gastar um percentual maior de sua renda com esses impostos se comparadas com populações com mais poder aquisitivo.

Por fim, impostos podem incidir sobre patrimônio. Embora este tipo de imposto acabe desincentivando investimentos (ou seja, incentivando o consumo e aumentando a atividade econômica), pode ser utilizado também para direcionar investimentos a setores específicos. Além disso, deve-se mencionar que os impostos sobre patrimônio tendem a onerar mais as populações com mais poder aquisitivo, incidindo sobre bens tais quais imóveis (IPTU) e veículos (IPVA). Consequentemente, se uma pessoa gasta um percentual pequeno de sua renda com consumo, o resto automaticamente se torna patrimônio, que pode vir a ser tributado.

Por fim, nota-se que países diferentes acabam por optar por equilíbrios diferentes entre as bases de tributação. A escolha desse equilíbrio, além de fatores econômicos, depende de considerações políticas, culturais e sociais.

5.3.1. Tributação brasileira

Não cabe neste momento, realizar um panorama de todos os impostos e tributos da legislação nacional, apenas dos mais relevantes para o tema em questão. Deste modo, focar-se-á em tributos que permitem alguma escolha por parte do contribuinte.

A estruturação e planejamento tributário de qualquer empresa começa pela escolha da forma de arrecadação e cálculo do Imposto de Renda da Pessoa Jurídica (IRPJ), principalmente porque o sistema de apuração do IRPJ influência na forma de recolhimento de outros tributos, em especial da Contribuição Social sobre Lucro Líquido (CSLL), da Contribuição Social para o Programa de Integração Social (PIS) e da Contribuição para o Financiamento da Seguridade Social (COFINS).

Tratando efetivamente de valores das alíquotas, o IRPJ tem uma alíquota total de cerca de 25% (incluindo o adicional de IRPJ, que incide somente sobre a receita mensal que exceder R$ 20.000,00); a CSLL tem uma alíquota de 9%, o PIS e o COFINS podem ser pagos em sistemas diferentes, de modo que, no sistema cumulativo suas alíquotas são 0,65% e 3%, respectivamente e, no sistema não cumulativo, as alíquotas são 1,65% e 7,6% respectivamente. Estas alíquotas são todas aplicáveis sobre a renda da empresa.

A questão toda é que a legislação permite alguns modos diferentes de apurar a renda (leia-se, a base de cálculo do IRPJ) e esta escolha fará diferença na carga tributária que deverá ser paga. Dentre os fatores que influenciam esta escolha se destacam:

Tipo societário — S.A.s não podem optar por determinados regimes;

Receita e lucro do ano corrente — a opção pelo lucro presumido ou pelo simples está sujeita a requisitos de receita máxima;

Investidores — não é permitida a opção pelo simples em determinadas situações expressas afetando os sócios na empresa (por exemplo, se tiverem participação superior a 10% em outra sociedade cujo faturamento supere o teto do Simples);

Objeto social — alguns regimes não podem ser utilizados por empresas que exercem determinadas atividades;

Margem de lucro da atividade — o regime do lucro presumido usa, como o nome indica, um percentual presumido de margem de lucro. De tal modo, saber a margem de lucro real permite tomar uma escolha informada; e

PIS e COFINS — a opção do regime de IRPJ influência se estes tributos serão cumulativos ou não cumulativos, de tal modo, deve-se considerar qual o nível de valores dedutíveis que a empresa tem.

5.3.2. Regimes de tributação

Lucro Real — Esta é a sistemática padrão de tributação no imposto de renda, ou seja, é acessível a todo e qualquer contribuinte. A forma de apuração da base de cálculo do tributo é pela subtração de determinadas despesas dedutíveis da receita gerada pela empresa. Esta escolha exige muita organização por parte da empresa, uma vez que toda documentação para comprovação das despesas e receita deverá estar devidamente arquivada. O lucro real é obrigatório em alguns casos, descritos no artigo 14 da Lei 9.718/1998:

"Art. 14. Estão obrigadas à apuração do lucro real as pessoas jurídicas:

I — cuja receita total no ano-calendário anterior seja superior ao limite de R$ 78.000.000,00 (setenta e oito milhões de reais) ou proporcional ao número de meses do período, quando inferior a 12 (doze) meses; (Redação dada pela Lei nº 12.814, de 2013)

II — cujas atividades sejam de bancos comerciais, bancos de investimentos, bancos de desenvolvimento, caixas econômicas, sociedades de crédito, financiamento e investimento, sociedades de crédito imobiliário, sociedades corretoras de títulos, valores mobiliários e câmbio, distribuidoras de títulos e valores mobiliários, empresas de arrendamento mercantil, cooperativas de crédito, empresas de seguros privados e de capitalização e entidades de previdência privada aberta;

III — que tiverem lucros, rendimentos ou ganhos de capital oriundos do exterior;

IV — que, autorizadas pela legislação tributária, usufruam de benefícios fiscais relativos à isenção ou redução do imposto;

V — que, no decorrer do ano-calendário, tenham efetuado pagamento mensal pelo regime de estimativa, na forma do art. 2° da Lei n° 9.430, de 1996;

VI — que explorem as atividades de prestação cumulativa e contínua de serviços de assessoria creditícia, mercadológica, gestão de crédito, seleção e riscos, administração de contas a pagar e a receber, compras de direitos creditórios resultantes de vendas mercantis a prazo ou de prestação de serviços (*factoring*).

VII — que explorem as atividades de securitização de créditos imobiliários, financeiros e do agronegócio. (Incluído pela Lei nº 12.249, de 2010)."

Dentro do lucro real, ainda há a opção entre realizar o recolhimento trimestral ou anual com adiantamentos mensais, mas a apuração efetiva do lucro ocorre somente no último dia do ano. Já no recolhimento trimestral, a apuração final do lucro ocorre no final de cada período de três meses, o que significa que é limitada a compensação de prejuízos entre os períodos e que o adicional sobre o IRPJ incide sobre o excedente de cada período de forma isolada.

No lucro real, o PIS e COFINS são recolhidos com base na sistemática não cumulativa.

Em conclusão, o lucro real é uma opção genérica, sendo acessível a qualquer empresa, possuindo também a vantagem de permitir a compensação de prejuízos fiscais de anos anteriores. Em relação à opção da forma de recolhimento, o trimestral é mais indicado para empresas com receita constante mas despesas dedutíveis concentradas em períodos específicos. Já o recolhimento anual é mais favorável para empresas com picos de lucratividade.

Lucro presumido — Este regime é uma opção dada ao contribuinte que se enquadra em alguns requisitos (em particular o limite de receita, mencionado anteriormente). A forma de apuração da base de cálculo é pela aplicação de uma margem de lucro presumida sobre a receita da empresa (em regra, 8% para venda de produtos e 32% para serviços).[67] De tal modo, se uma empresa de serviço tem uma receita de R$ 100.000,00 e é optante do lucro presumido irá pagar o IRPJ sobre uma base de R$ 32.000,00.

67 Os artigos 15 da Lei 9.249/1995 e 40 da Lei 9.250/95 contém a relação completa de margens de lucro presumidas.

Um fator relevante que deve ser mencionado sobre o lucro presumido é que a opção pelo regime é feita somente uma vez ao ano, de modo que não pode ser alterada posteriormente. Além disso, a apuração dos valores ocorre trimestralmente.

Menciona-se também que, no lucro presumido, há a opção de o contribuinte contabilizar a receita com base no regime de caixa (leia-se, a receita é contabilizada com a entrada do caixa) ou de competência (a receita é contabilizada com a efetiva prestação do serviço ou venda).

O PIS e COFINS no lucro presumido utilizam a sistemática cumulativa.

Em conclusão, o lucro presumido é um regime mais simples para contabilizar, exigindo menos estrutura administrativa. Além disso, é indicado para empresas com margens de lucro altas (leia-se, superiores às margens presumidas pela lei).

Simples nacional — O Simples Nacional, assim como o lucro presumido, é um regime facultativo. Além de restrição de receita (atualmente a receita anual bruta deve ser menor ou igual a R$ 4.800.000,00), há uma série de outros impedimentos para participar do simples, entre estes:

Ser constituída sob a forma de sociedade por ações, ou sob a forma de cooperativas (salvo as de consumo);

Resultar de cisão ou qualquer outra forma de desmembramento de pessoa jurídica que tenha ocorrido em um dos 5 anos-calendário anteriores;

Ter participação de outra pessoa jurídica em seu capital;

Ter participação em seu capital de entidade da administração pública, direta ou indireta, federal, estadual ou municipal;

Ter sócio domiciliado no exterior;

Ser filial, sucursal, agência ou representação, no País, de pessoa jurídica com sede no exterior; e

Participar do capital de outra pessoa jurídica;

O simples é apurado mensalmente com base em um percentual da receita bruta e pago por meio de guia de recolhimento no mês posterior. Vale mencionar que o Simples abrange vários tributos (IRPJ, CSLL, PIS, COFINS, IPI e INSS patronal e, com limitações, ICMS e ISS).

Em conclusão, o Simples é evidentemente a forma de recolhimento menos complexa, além de acabar sendo uma opção relativamente barata para as empresas. A desvantagem é a impossibilidade de compensar prejuízos.

▶ **6. *Seed capital (smart money,* investidores anjo, *family & friends*). O papel das incubadoras e aceleradoras. Fontes externas de financiamento (financiamento bancário, financiamento para inovação (FINEP), Bovespa Mais, *equity crowdfunding*, franquias).**

6.1. Fontes de investimento e financiamento

6.1.1. *Bootstraping*

Bootstraping é o investimento de capital feito pelos próprios sócios fundadores da empresa. Esta forma de investimento tende a ser a primeira fonte de recursos que startup tem e é usada para dar os passos iniciais no projeto.

Nesse estágio, é comum que os fundadores busquem minimizar os gastos com o negócio. Pense no exemplo de fundadores que decidem postergar a constituição de sua startup até o desenvolvimento do MVP para poupar custos.

6.1.2. *Seed Capital*

Seed capital, também conhecido como capital semente, é uma forma de investimento inicial no negócio (por isso o termo semente, a empresa ainda está para dar flores).

Tipicamente, esta categoria de investimento é de menor valor e gera recursos principalmente para financiar o desenvolvimento do MVP da startup ou início da operação e o aporte é realizado em troca de participação. A grande qualificação deste tipo de investimento é que considera mais (em relação a investimentos em fases posteriores do ciclo de vida da startup) as qualidades pessoais dos fundadores e o potencial da ideia do que efetivamente a execução desta.

Neste sentido, *seed capital* geralmente não vem de investidores institucionais, como ocorre com *venture capital*. Além disso, por ocorrer em estágios iniciais do ciclo de vida da startup (leia-se, não há produto completamente desenvolvido, a operação é reduzida ou inexistente, etc.), geralmente envolve bem mais risco que investimentos normais.

Tratando do cenário nacional, em 2008 foi investido como seed capital um montante total de cerca de R$ 140 milhões.[68]

São modalidades de *seed capital, friends & family*, investidores anjo e *smart money*.

6.1.3. *Family & Friends*

Também conhecido como *fools, friends and family* (família, amigos e trouxas), é também uma forma de investimento bem inicial ao negócio. Em grande medida, a inclusão jocosa de *fools* junto a amigos e família expressa com exatidão qual o espírito do investimento.

Amigos e família realizam o investimento tendo em vista a relação pessoal que tem com o empreendedor, de modo que o empreendimento tem uma impor-

68 TORRES, F. Mais investimentos na indústria de capital semente. Revista Inovação em Pauta, 4a Edição. 2008. pp 13-15.

tância secundária. Por causa deste fator, deve-se atentar para que a relação com o "investidor" não seja afetada negativamente, seja pelo excesso de pedidos, seja por tratamento injusto.

Uma indicação que pode ser feita sobre como lidar com o investimento de família e amigos é tratá-los como seria tratado um investidor profissional, ou seja, deixar claro o projeto, o andamento do projeto, as obrigações e os direitos do investidor, além de, evidentemente, buscar deixar tudo formalizado. Embora isto possa parecer excessivo, estas medidas ajudam a evitar conflitos posteriormente. Nota-se que, principalmente se o investidor tiver sua participação social consolidada, estes conflitos podem acabar causando o fim da empresa.

A grande vantagem dessa fonte de investimento é que tem poucos custos, tanto financeiros quanto de controle na sociedade, contudo é improvável que o empreendedor venha a conseguir muito recurso com este tipo de investidor. De tal modo, *family & friends* é uma forma de investimento recomendada para o início do desenvolvimento do produto, como forma de complementar os recursos próprios dos fundadores.

6.1.4. Investidores anjo

Investidores anjo são investidores que atuam na pessoa física investindo recursos próprios no negócio. No investimento anjo, o que vale é o conhecimento e experiência do investidor.

Neste sentido, o investidor anjo acaba atuando mais como um mentor ou consultor para o negócio, sem exercer efetivamente nenhum tipo de posição executiva.

O investidor anjo é normalmente um empresário ou empreendedor bem-sucedido e com experiência no mercado, que está investindo parte de seu patrimônio em novas empresas. A lógica por trás do investidor anjo é de realizar um investimento de montante relativamente baixo (se comparado com outras fontes de investimento) e buscar aumentar as chances de sucesso do investimento atuando de maneira mais ativa na startup investida, aplicando sua experiência e suas redes de contato para potencializar o investimento.

Neste sentido, embora a maior parte dos investidores anjos sejam empreendedores ou empresários, também é comum encontrar exemplos de investidores anjos com formação e experiência profissional em outras áreas, como advogados, engenheiros, programadores, médicos e especialistas em comunicação. A diferença será que estes investidores tendem a se focar em *startups* que atuem em atividades semelhantes às que exerciam anteriormente, de modo a garantir que a experiência do investidor seja útil.

Como pode ter sido notado anteriormente, embora exista, dentro de certos limites, uma motivação moral ou social, o investimento anjo não é uma atividade sem fins lucrativos, de modo que, em contrapartida ao investimento de capital e tempo, o investidor anjo irá exigir uma participação (em geral, minoritária) na sociedade.

Tratando da prática de mercado, é comum encontrar grupos de investidores anjo que atuam em conjunto (até cinco pessoas). Isto é feito tanto para dividir o risco financeiro entre os investidores, quanto para potencializar o impacto que pode ser gerado pela experiência de cada um dos investidores (afinal, ter 3 mentores experientes em áreas diversas deve agregar mais a empresa do que 1 único investidor).

A principal desvantagem do investidor anjo é que, além de exigirem participação na sociedade, vão exigir também vários direitos para que possam ter algum grau de ingerência no negócio. Neste sentido, considerando que o investidor anjo tende a estar focado em gerar um evento de liquidez para a empresa (leia-se, uma oportunidade de vender a participação que adquiriu), podem acabar tomando atitudes para trocar a administração ou obrigar uma venda de controle por parte dos fundadores.

Por outro lado, investidores anjos são ideais para *startups* que já estão no início dos estágios operacionais (leia-se, tem um modelo de negócio já parcialmente validado e minimamente operacional), mas precisam de caixa para escalar a operação. De tal modo, o investidor anjo estaria entrando na sociedade para impulsionar a transformação do protótipo em produto, fornecendo, além do dinheiro, sua experiência para auxiliar os fundadores a conseguirem lidar com os desafios do início do crescimento mais acelerado.

6.1.5. *Smart Money*

Semelhantemente ao investidor anjo, *smart money* se refere a investimentos realizados por investidores experientes ou profissionais de outros ramos, utilizando recursos próprios. O termo, contudo, não é aplicável somente a pessoas físicas, o cerne do conceito é que o *smart money* é o investimento que vem carregado com a experiência e auxílio do investidor (não necessariamente esta experiência deve ser em empreendimentos, pode simplesmente ser um conhecimento útil para a *startup*).

Neste sentido, todo investidor anjo seria uma espécie de *smart money*, mas nem todo *smart money* vem de investidores anjo. Como forma de ilustrar o dito, pode-se imaginar um escritório de contabilidade investindo em alguma *startup*. Além do recurso investido, a *startup* poderá terceirizar tarefas administrativas e financeiras para o escritório de contabilidade, focando energia no desenvolvimento central do produto. Evidentemente, também é possível que este parceiro venha a contribuir com contatos próprios (o que pode ser útil se a startup utilizar um modelo de negócios B2B) ou com o desenvolvimento do modelo de negócio da startup (por exemplo, considerando que é comum a presença de advogados em escritórios contábeis, é possível que estes venham a auxiliar na elaboração inicial de documentos jurídicos ou apontando riscos em potencial, mesmo não sendo a especialidade dos advogados em questão).

Como pode ser percebido, a definição de quando o investimento é *smart* ou não depende muito da atividade a ser desenvolvida pela *startup* e o potencial de sinergia com o potencial investidor.

Uma potencial vantagem do *smart money* sobre o investimento anjo é que, a depender das circunstâncias, o investidor pode não fazer o investimento profissionalmente, de modo que exista menos expectativa de retorno rápido (o que diminuiria a pressão para um evento de liquidez). Em outros casos, o investidor pode estar mais interessado no desenvolvimento do produto da *startup* em si, estando disposto a investir um pouco de antemão (por exemplo, uma empresa de entrega de comida pode estar disposta a investir em uma *startup* que está desenvolvendo um produto para otimização de logística, que seria útil para o investidor, em contrapartida, o investidor pode auxiliar a *startup* fornecendo um "laboratório" para prototipagem do produto que está sendo desenvolvido).

6.2. Incubadoras e aceleradoras

Incubadoras e aceleradoras são tipos de programas colaborativos desenvolvidos com o objetivo de auxiliar a startup em alguma fase de seu ciclo de desenvolvimento. Estes programas podem ser gratuitos ou não, sendo que em qualquer caso, focam no desenvolvimento de startups.

Embora estes dois termos geralmente sejam usados como sinônimos, há algumas diferenças fundamentais entre ambos. A própria análise dos dois termos já permite intuir, em alguma medida, a diferença entre os dois tipos de programas. Aceleradoras "aceleram" o crescimento de *startups*, já incubadoras "incubam" (ou desenvolvem) as ideias subjacentes por trás do projeto da startup. Neste sentido, aceleradoras estão mais voltadas a fazer a *startup* "estourar", enquanto incubadoras estão mais focadas em aprimorar a ideia por trás da startup.

Tratando de cada um especificamente, aceleradores são tipicamente programas de tempo limitado nos quais startups diversas ocupam um mesmo espaço (como forma de incentivar colaboração mútua e *networking*) e são mentoradas. É relativamente comum que aceleradoras sejam voltadas a nichos ou ramos específicos. O programa de aceleração também normalmente conta com marcos simbólicos, nos quais cada startup apresenta seus progressos.

Normalmente, o processo de aplicação para aceleradoras é aberto ao público, embora possa ser competitivo. Neste sentido, além de toda a mentoria e programas educacionais, a aceleradora também tende a realizar um aporte de capital na empresa em troca de uma participação.

Além do anterior, aceleradoras normalmente têm rotinas e programações pré-definidas para os participantes e, junto a isso e por serem programas de curta duração, normalmente são mais voltadas para startups com equipe fixa, uma vez que os programas tendem a ser intensos e a carga de trabalho considerada excessiva para uma única pessoa.

Em contraposição a essa metodologia mais agitada, as incubadoras tendem a não ter rotinas ou programas fixos, grande parte da experiência da incubadora é o *networking*. O custo com incubadoras geralmente é um aluguel mensal para o espaço e os outros serviços que a incubadora proporciona, sendo extremamente incomum que seja feito qualquer tipo de investimento direto em troca de participação.

Incubadoras podem ser independentes, vinculadas a algum órgão governamental ou até mesmo vinculadas a empresas específicas. Neste caso, a incubadora provavelmente será restrita a startups da mesma área da empresa.

São exemplos de serviços prestados por incubadoras, além de fornecer um espaço físico:

Auxílio administrativo e jurídico;

Mentoria;

Acesso a formas de investimento; e

Programas de treinamento.

6.2.1. *Venture Capital*

Venture capital ou capital de risco é uma forma de investimento em *startups* com alto potencial de crescimento. Ao contrário do *seed capital,* tipicamente, o investimento de *venture capital* é institucional, ou seja, realizado por investidores organizados em pessoas jurídicas, tais como fundos de investimento ou instituições financeiras. Além disso, os valores dos investimentos são significativamente maiores do que os investimentos realizados em *seed capital*.

Em contrapartida a este investimento maior, o *venture capitalist* irá exigir uma série de direitos e garantias, além de estarem mais interessados, em regra, em gerar eventos de liquidez de modo a realizar de modo mais rápido o investimento. Neste mesmo sentido, este tipo de investimento normalmente é feito em empresas em estágios iniciais, mas já operacionais. De tal modo, é raro encontrar um investimento de *venture capital* em startups cujo produto ainda não está completamente desenvolvido, ou na qual ainda não há algum fluxo de receita.

Investimento de *venture capital* é mais indicado para *startups* que já estão relativamente consolidadas e precisam de caixa para poder expandir as operações, mas cujo risco operacional ainda é grande demais para abrir o capital ou pegar empréstimos. O ponto negativo desse investimento é que, além de não vir acompanhado (em regra) de mentoria, o investidor irá exigir uma série de direitos e irá influenciar de maneira significativa a gestão da companhia.

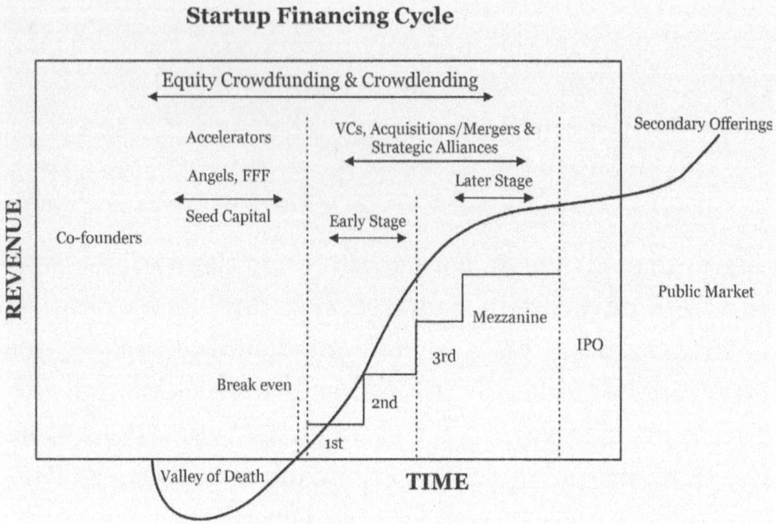

Fonte: https://www.the-itfactory.com/startup-knowledgebase/article/startup-funding-rounds/

RODADA	"CHEQUE"	EQUITY MÉDIO
Pré-Anjo	R$ 10k e R$ 150k	3% a 7%
Anjo	R$ 250k a R$ 2 milhões	10% a 20%
Pré-Seed	R$ 500k a R$ 2,5 milhões	10% a 20%
Seed	R$ 2 milhões a R$ 6 milhões	10% a 20%
Série A	R$ 5 milhões a R$ 25 milhões	20% a 30%
Série B	R$ 25 milhões a R$ 100 milhões	15% a 20%
Série C	R$ 50 milhões a R$ 200 milhões	10% a 15%
Série D	> R$ 150 milhões	5% a 10%

Fonte: Cassio Spina

6.3. Fontes externas de financiamento

6.3.1. Financiamento bancário

Financiamento bancário é uma das formas mais tradicionais de angariar recursos. Nesta, a sociedade contrai empréstimos com instituições financeiras como forma de conseguir caixa para as operações.

Ao contrário do investimento em participação, o financiamento bancário exige pagamentos constantes, de modo que a empresa deve ter um fluxo de caixa grande o suficiente para fazer frente às prestações.

A vantagem é que, se por um lado, dívidas bancárias implicam em pagamentos constantes, estes pagamentos, além de serem dedutíveis do imposto de renda, são fixos. Neste sentido, se a empresa é capaz de utilizar os recursos adquiridos do banco para gerar um fluxo de caixa superior ao valor das parcelas, a empresa está em uma situação positiva. Por outro lado, as cobranças do banco serão devidas independentemente de a empresa estar dando resultado, o que gera um risco maior.

Outra vantagem em potencial do uso de dívida sobre financiamento em troca de participação é que o banco não terá ingerência (em regra) sobre o curso de negócios da startup. Evidentemente que, a depender do modo de investimento e de seu valor, o banco poderá exigir uma série de garantias e direitos da empresa. É comum que estes direitos somente venham a poder ser exercidos no caso de atraso no pagamento ou algum outro tipo de condição (ex.: o credor tem o direito de eleger um membro do conselho de administração, mas somente poderá exercer esse direito se a empresa deixar de pagar a prestação).

Outro tipo de exigência que instituições financeiras podem fazer é de os sócios prestarem algum tipo de garantia pessoal ou real pelo crédito, de modo que, se a sociedade deixar de pagar, os fundadores poderão ser acionados pelo valor devido. São exemplos de garantia: alienação fiduciária de imóvel (pode ser da sociedade ou de algum dos sócios), fiança e aval.

Neste sentido é relevante mencionar o *mezzanine capital*, que é uma modalidade de financiamento intermediária entre dívida e participação e tipicamente não é garantido, podendo tomar várias formas jurídicas. Neste tipo de financiamento, justamente pelo maior risco do credor (cujo crédito será subordinado ao dos demais credores), o custo do capital é mais elevado. Nesta modalidade de investimento, é comum que seja estabelecida alguma forma de conversão do crédito em participação (por exemplo, mútuo conversível em ações condicionado a falta de pagamento das prestações mensais acordadas).

É importante mencionar que instituições financeiras raramente fazem investimentos de alto risco. De tal modo, é possível que startups, até estarem com operações bem consolidadas, não tenham acesso a este tipo de financiamento. Embora existam linhas de crédito voltadas para negócios de alto risco ou para startups, estas modalidades são pouco utilizadas.

Em conclusão, o financiamento bancário é indicado para empresas com fluxo de caixa constante que precisam de recursos para crescer. A desvantagem é que pode ser uma modalidade de financiamento de difícil acesso para startups e provavelmente irá exigir algum tipo de garantia por parte dos sócios, o que aumenta a exposição desses aos riscos do negócio.

6.3.2. Financiamento para inovação da FINEP

A FINEP (Financiadora de Estudos e Projetos) é uma empresa pública nacional dedicada ao investimento em inovação. Como pode ser visto no próprio site da organização:

"A Finep concede financiamentos reembolsáveis e não reembolsáveis a instituições de pesquisa e empresas brasileiras. O apoio da Finep abrange todas as etapas e dimensões do ciclo de desenvolvimento científico e tecnológico: pesquisa básica, pesquisa aplicada, inovação e desenvolvimento de produtos, serviços e processos. A Finep apoia, ainda, a incubação de empresas de base tecnológica, a implantação de parques tecnológicos, a estruturação e consolidação dos processos de pesquisa, o desenvolvimento e a inovação em empresas já estabelecidas, e o desenvolvimento de mercados."[69]

A FINEP utiliza recursos próprios e de terceiros para realizar financiamentos reembolsáveis (leia-se o dinheiro deve ser devolvido à instituição) e não reembolsáveis, estes últimos reservados a entidades sem fins lucrativos.

Há vários programas no âmbito da FINEP, valendo destacar o FINEP Startup, que tem por objetivo incentivar o crescimento de startups por apoio financeiro. O foco do projeto é o investimento em startups que estão em fase inicial de operação, mas ainda pequenas demais para receber um investimento de *venture capital* ou utilizar financiamento bancário.

O apoio dado pela FINEP é por meio de aporte de até R$ 1 milhão, de acordo com as necessidades da startup, e deve ser remunerado com participação no capital.

69 Fonte: http://www.finep.gov.br/apoio-e-financiamento-externa/o-que-apoiamos.

Os detalhes do programa podem ser encontrados no seguinte domínio:

http://www.finep.gov.br/apoio-e-financiamento-externa/programas-e-linhas/finep-startup

6.3.3. Bovespa Mais

A Bovespa Mais é um segmento de listagem especial idealizado pela BM&FBOVESPA (atualmente, B3) com o objetivo explícito de tornar o mercado de capitais mais acessível para empresas, em especial as que pretendem realizar uma entrada gradativa no mercado de capitais, além de incentivar a adoção das melhores práticas de governança corporativa.

Neste sentido, as regras de governança para a listagem na Bovespa Mais são compatíveis com as do segmento especial do Novo Mercado, de modo a permitir a transação direta para este. Deve-se notar que este segmento de listagem ainda exige que a Companhia esteja habilitada para emitir valores mobiliários. São requisitos para este segmento de listagem, além de ser companhia aberta[70]:

Emitir apenas ações ordinárias;

Não ter partes beneficiárias;

Mandato unificado de 2 (dois) anos dos membros do Conselho de Administração;

Em caso de alienação de controle, todos os titulares de ações têm direito de vendê-las nas mesmas condições obtidas pelo controlador (*tag along*);

---

70 "Regulamento de Listagem e de Aplicação De Sanções Pecuniárias do Bovespa Mais." BM&FBOVESPA, BM&FBOVESPA. Disponível em: www.bmfbovespa.com.br/pt_br/regulacao/regulamentos-e-manuais/#item-2. Acessado em: 08/10/2017.

Realizar oferta pública de aquisição (OPA) de ações em circulação, no mínimo pelo valor econômico, nos casos de saída do segmento ou de cancelamento de registro de companhia aberta;

Aderir à Câmara de Arbitragem do Mercado (CAM) para a solução de conflitos societários; e

Divulgar:

Informações adicionais, tais como: notas explicativas sobre transações com partes relacionadas nos ITRs e posições acionárias de administradores e controladores e de todo acionista que detiver mais que 5% das ações;

Calendário anual de eventos corporativos; e

Posição acionária e negócios com ações da empresa efetuados pelos acionistas controladores, em bases mensais.[71]

Como forma de incentivar que empresas se inscrevam nesse segmento de listagem, há um desconto regressivo na anuidade (primeiro ano não paga anuidade, no segundo ano paga um valor muito reduzido e assim em diante) e são isentas de taxa de análise para listagem de emissores (que é cobrada para a listagem das sociedades). Além disso, este segmento oferece alguns descontos regulatórios, tais como processos simplificados de listagem e exigências menos restritas de auditoria.

Por fim, deve-se mencionar a existência do segmento especial de listagem Bovespa Mais Nível 2 que, apesar do nome, possui exigências de governança menos exigentes do que o segmento Bovespa Mais.

---

71 "Folheto informativo sobre o Bovespa Mais" BM&FBOVESPA, BM&FBOVESPA. Disponível em: http://www.bmfbovespa.com.br/pt_br/listagem/acoes/segmentos-de-listagem/bovespa-mais/?tabIndex=3. Acessado em: 08/10/2017.

Atualmente há outros projetos que buscam ocupar o espaço do mercado de acesso para PMEs, alguns deles sendo desenvolvidos inclusive dentro de programas de *sandbox* regulatório da CVM e Banco Central (por exemplo BEE4, SMU, *Kate*, OTC, entre outros).

6.3.4. *Equity crowdfunding*

Equity crowdfunding é um mecanismo de investimento online que permite a startups receber aportes de várias pessoas. Seu funcionamento é muito parecido com o mercado de capitais normal, com a exceção de que os valores negociados são significantemente menores, geralmente apenas estão listadas startups e funcionam inteiramente *online*.

Neste sentido, por serem negociados valores mobiliários, esta forma de investimento é regulada pela CVM. Este instituto foi inicialmente regulado no Brasil por meio da instrução 588 de 2017 da CVM, editada em 14 de julho de 2017. Mais recentemente, tal regra foi substituída pela Resolução CVM nº 88/2022, que flexibilizou diferentes aspectos da norma a fim de impulsionar o mercado.

A referida instrução autoriza que sociedades com receita bruta anual de até R$ 40 milhões[72] façam ofertas públicas de suas ações ou de outros valores mobiliários, independentemente de registro na CVM, por meio de plataformas digitais devidamente cadastradas. Estas

72 Res. CVM 88/2022 – Art. 2º Para fins desta Instrução, aplicam-se as seguintes definições:
VII – sociedade empresária de pequeno porte: sociedade empresária constituída no Brasil, não registrada como emissor de valores mobiliários junto à CVM, e com receita bruta anual, apurada no exercício social encerrado no ano anterior à oferta, de até R$ 40.000.000,00 (quarenta milhões de reais);

ofertas não podem objetivar captar mais que R$ 15 milhões por ano.[73]

Embora seja um instituto relativamente recente, há grande potencial de utilização para o crescimento do mercado de investimentos no Brasil, principalmente considerando que as startups que vierem a realizar ofertas não precisarão realizar qualquer tipo de registro na CVM, o que agiliza significativamente o processo e, mais que isso, pode incentivar mais investimentos por investidores anjos ou outras formas de capital semente, uma vez que será mais fácil e barato chegar a um evento de liquidez.

6.3.5. Franquias

Franquias são metodologias de organização empresarial que têm como característica principal o licenciamento do modelo de negócios e da marca da matriz para terceiros. Em outras palavras, e para utilizar a definição legal da lei de franquias, franquia é "o sistema pelo qual um franqueador cede ao franqueado o direito de uso de marca ou patente, associado ao direito de distribuição exclusiva ou semiexclusiva de produtos ou serviços e, eventualmente, também ao direito de uso de tecnologia de implantação e administração de negócio ou sistema operacional desenvolvidos ou detidos pelo franqueador, mediante remuneração direta ou indireta, sem que, no entanto, fique caracterizado vínculo empregatício".[74]

73 Res. CVM 88/2022 — Art. 3º A oferta pública de distribuição de valores mobiliários de emissão de sociedade empresária de pequeno porte realizada nos termos desta Instrução fica automaticamente dispensada de registro na CVM, desde que observados os seguintes requisitos:
I – existência de valor alvo máximo de captação não superior a R$ 15.000.000,00 (quinze milhões de reais), e de prazo de captação não superior a 180 (cento e oitenta) dias, que devem ser definidos antes do início da oferta;

74 Art. 2º da Lei 8.955/1994.

Do ponto de vista do franqueador, a franquia é uma possibilidade de expansão barata da marca, o que pode ser útil para gerar externalidades de rede indiretas e aumentar o valor da marca como um todo.

Do ponto de vista do franqueado, são opções de começar um negócio com uma marca já conhecida e com uma espécie de mentoria por parte do franqueador, além de possibilitar certo grau de liberdade na condução dos negócios, o que torna as franquias atraentes para jovens empreendedores.[75,76]

Outra vantagem de franquias é que há certo alinhamento de incentivo entre os franqueados e o franqueador, no sentido que ambos estão interessados no sucesso de todas as lojas da marca. Evidentemente, este alinhamento é limitado e há, em franquias, outros aspectos nos quais não há alinhamento de interesses. Para citar dois exemplos, pode-se mencionar (i) o interesse do franqueado de tentar reportar uma receita menor de modo a pagar menos taxas para o franqueador e (ii) o incentivo do franqueador de realizar o menor número de vistorias e mentorias possível, uma vez que implicam em custos.

Um último ponto que deve ser mencionado sobre franquias é que o modelo tem a vantagem de ser altamente flexível a idiossincrasias culturais de cada local, uma vez que o franqueado será uma pessoa do local e, consequentemente, irá adaptar algumas das práticas aos gostos locais. O contraponto deste fator é que, se a franquia é flexível, também deixa de ser uniforme, o que pode

---

75 Basu, Zachary. "*How This 21-Year-Old Became a Dorm-Room Millionaire.*" CNBC, CNBC, 16 de agosto de 2017, www.cnbc.com/2017/08/16/millennial-students-are-leaping-into-franchising.html.

76 Boss-Bicak, Shira. "*Franchisees with Advanced Degrees.*" *The New York Times, The New York Times,* 2 de junho de 2005, www.nytimes.com/2005/06/02/business/franchisees-with-advanced-degrees.html.

ser prejudicial à marca, uma vez que um dos principais apelos de franquias para consumidores é a uniformidade que podem esperar dos serviços.

Outra desvantagem do modelo de franquias é que, além do franqueador ter que dividir o lucro do empreendimento e arcar com o risco de que terceiros usando sua marca a desvalorizem, há um aumento dos custos até o consumidor final, visto a existência de mais intermediários e da necessidade de estabelecer e controlar padrões de uniformidade para preservar a marca.

Em conclusão, franquias são mais indicadas para modelos de negócios que dependam de alto investimento em imobilizados (estes passaram a ser custeados pelos franqueados), mas que tenham lucratividade mediana (de modo que o financiamento bancário não se torne mais atrativo) e, simultaneamente, que possam ser padronizados e verificados com facilidade pelos fundadores.

▶ 7. Aspectos jurídicos do processo de investimento e desinvestimento em *startups*.

7.1. Fases do processo de investimento

7.1.1. NDA

Como mencionado na seção 2, mais do que em qualquer outro tipo de empreendimento e principalmente quando o produto ainda está sendo desenvolvido, informação é primordial em *startups*. Por outro lado, não é razoável esperar que alguém realize um investimento sem saber detalhes sobre o projeto no qual está investindo.

Uma forma de mitigar este conflito seria celebrar um acordo de confidencialidade ou, em inglês, *non-disclosure agreement* (NDA). Em termos gerais este acordo é um contrato atípico (leia-se, sem regulação específica na lei) que obriga as partes a não divulgarem informações trocadas entre si.

O NDA deve ser celebrado antes de qualquer tipo de troca de informação e, consequentemente, por ser quase que um requisito para uma negociação, estes contratos tendem a ser curtos e simples, com no máximo cinco páginas.

As obrigações estabelecidas no acordo podem ser bilaterais (ambas as partes divulgam e recebem informações) ou unilaterais (somente uma das partes divulga informações). Normalmente, acordos de confidencialidade são bilaterais, porém nada impede que seja assinado um NDA na qual fique pré-definido que uma parte somente será receptora e a outra somente divulgadora de informações. Este arranjo pode fazer sentido quando, pelo teor da conversa, somente uma das partes necessitar divulgar informações, como pode ser o caso de negociações com investidores.

São cláusulas comuns em NDA:

Definição de informação confidencial — deve englobar todo tipo de informação que for ser divulgada.

Tratamento das informações divulgadas — normalmente o contrato irá limitar a divulgação das informações a prepostos da parte receptora e obrigar que qualquer vazamento ou ordem judicial que exija a divulgação da informação seja comunicado à outra parte.

Condutas que não violam o acordo — Estabelecem-se exceções a obrigação de guardar sigilo, que não irá abarcar informações indicadas como não sendo confidenciais, que tenham se tornado de conhecimento público sem culpa da parte receptora, que já eram sabidas pela parte receptora ou cuja divulgação foi exigida por entidade governamental competente.

Prazo — Para que o acordo seja vinculante, deve ser por prazo determinado. Isto é especialmente importante caso seja estabelecida uma multa. Observa-se que não há parâmetro legal para determinar qual seria o prazo máximo, porém o importante é que o prazo seja compatível com a perda de relevância da informação no tempo. Em outras palavras, se a informação se tornar obsoleta rapidamente, o prazo deve ser mais curto. No caso de startups, pode-se utilizar o prazo de 2 anos como regra geral.

Multa — Esta não é uma cláusula obrigatória, mas ajuda a dar efetividade ao acordo caso seja violado, uma vez que facilita eventual cobrança judicial.

Outras obrigações — Podem ser estabelecidas obrigações de não concorrência e de *non-solicitation* para cada parte, lembrando, em todo caso, de cumprir os requisitos exigidos pela legislação.

No caso específico de startups, ao invés de uma obrigação de *non compete*, é mais indicado negociar uma restrição do potencial investidor de investir em sociedades que possam concorrer com a startup.

7.1.2. MOU

Como mencionado anteriormente, o *term sheet* ou MOU é um contrato preliminar no qual são estabelecidos os aspectos gerais de um negócio. No caso de investimentos, é possível celebrar um MOU em qualquer momento da negociação e, a depender da complexidade dos negócios envolvidos, até mesmo mais de um.

Neste sentido, a prática da elaboração de memorandos de entendimento no contexto de investimentos é que este seja celebrado mais para o final da negociação, fixando critérios que serão utilizados para determinar o valor do investimento, ainda que sujeitos à confirmação no âmbito de auditoria (*due diligence*).

Cada operação tem peculiaridades diferentes, consequentemente, não é possível tratar das cláusulas que serão estabelecidas no *term sheet*. Isto principalmente considerando o caráter preliminar do MOU, ou seja, não cria obrigações vinculantes. Contudo, há exceções para isso. Se as cláusulas tratarem do procedimento de negociação, por exemplo, podem gerar obrigações.

Uma possibilidade de obrigação é estabelecer exclusividade entre as partes na negociação. Nesta cláusula, as partes se impedem reciprocamente de entrar em outros tipos de negociação sobre temas semelhantes com terceiros. Isto serve para criar o incentivo de colaboração, além de evitar que alguma das partes utilize a negociação para ter uma vantagem sob a outra. Deve-se atentar para a definição do escopo desta cláusula. Ainda, deve-se limitar temporalmente a duração dessa exclusividade, uma vez que a lei veda obrigações permanentes.

Importante mencionar que, no contexto de *startups*, pode ser difícil conseguir negociar uma cláusula desse tipo com um potencial investidor, principalmente se este for institucional (ou se de qualquer outro modo investir "profissionalmente"). Isto porque a cláusula acabaria por limitar a liberdade do potencial investidor de realizar seu objeto.

Além do anterior, é comum que o MOU ratifique a validade do NDA assinado anteriormente ou que, caso um não tenha sido assinado, estabeleça obrigações de confidencialidade.

Por fim, é comum no contexto de investimentos que as partes acordem na realização de uma auditoria e, ainda, que definam um cronograma para o restante da operação. Neste caso, o *term sheet* (vinculante ou não) também determinará que a *startup* não possa realizar determinadas ações durante a *due diligence*, tais como alterar sua estrutura societária ou se endividar. A ideia desses compromissos é garantir que nada substancial seja alterado durante a realização da auditoria.

A propósito, o quadro abaixo é sugestivo com relação a manutenção do *captable* pelos fundadores em cada rodada de captação:

N8	CAPTABLE RECOMENDADO	
RODADA	"CHEQUE"	EQUITY MÉDIO
FFF	R$ 10k e R$ 150k	100%
Anjo	R$ 250k a R$ 2 milhões	> 90%
Pré-Seed	R$ 500k a R$ 2,5 milhões	> 85%
Seed	R$ 2 milhões a R$ 6 milhões	> 80%
Série A	R$ 5 milhões a R$ 25 milhões	> 75%
Série B	R$ 25 milhões a R$ 100 milhões	> 50%
Série C	R$ 50 milhões a R$ 200 milhões	> 40%
Série D	> R$ 150 milhões	> 35%

Fonte: Cassio Spina

7.1.3. *Due diligence*

O processo de *due diligence* (devida diligência, em português) é a fase da negociação na qual o investidor analisa e confere as informações recebidas da *startup* durante a negociação.

Não é de todo raro que, em startups, não seja realizada auditoria. Isto pode acontecer por dois motivos.

Primeiramente, é possível que simplesmente não existam informações que necessitem de um processo formal de auditoria para serem verificadas. Este seria o caso de investimentos em startups em estágio pré-operacional ou no início da operação. Nestas, muitas vezes não há nenhuma irregularidade jurídica a ser encontrada e os procedimentos que deveriam ser realizados (por exemplo, registro de marca e domínio) são de fácil verificação. Consequentemente, uma equipe jurídica pequena do próprio investidor seria capaz de realizar essa "auditoria simplificada".

A outra possibilidade que explicaria não ser realizada a *due diligence* é se a operação for com "porteira fechada", ou seja, o investidor irá entrar na empresa sem saber que tipo de risco há dentro. Este tema será mais abordado abaixo.

Caso se opte pela realização de uma auditoria, o processo mais comum é que a equipe de auditoria contratada pelo investidor analise os documentos disponibilizados pela *startup*, sem realizar qualquer tipo de verificação externa (ou seja, a equipe de auditoria do investidor não irá procurar documentos independentemente, somente analisará os enviados). Isto não gera grandes problemas em investimentos pois é normal que os sócios da startup ofereçam garantias de que responderão pessoalmente por qualquer tipo de risco ou contingência realizados que não foram verificados na *due diligence*.

Por fim, deve ser mencionado que a auditoria durante processo de *due diligence* é uma auditoria jurídica, ou seja, difere da auditoria normalmente realizada por empresas de auditoria (estas são auditorias contábeis e analisam as demonstrações financeiras de uma sociedade). Neste sentido, nada impede que, após ou durante o processo de investimento, seja contratada também uma auditoria contábil.

Uma dica de como realizar uma *due diligence* baseada em uma *check list* está no site https://openlawyer.com.br/.

7.1.4. Acordo de investimento

Verificadas as informações durante a auditoria, o processo de negociação é finalizado com a celebração do acordo de investimento, um contrato atípico que consolida os termos da operação. Neste sentido, também pode ser chamado de acordo de associação ou contrato de compra e venda em alguns casos. Vale mencionar também que é comum que este documento seja elaborado durante a auditoria, para agilizar o fechamento da operação.

O acordo de investimento, por refletir as peculiaridades da negociação e do acordado entre as partes, não possui um modelo fixo. Contudo, é possível destacar alguns pontos que devem ser abordados neste documento.

Antes de tratar destes pontos, é importante mencionar que, além dos aspectos de como deve ser realizado o investimento, também é necessário estabelecer as obrigações das partes entre si e perante a sociedade, incluindo a determinação de como está será administrada. Estes tópicos, contudo, muitas vezes são melhor abordados dentro do escopo de um acordo de acionistas, que acaba sendo celebrado em conjunto com o acordo de investimento.

Forma do investimento — Há diversas maneiras de formalizar o investimento. A mais simples delas é o aporte de capital. Outra opção, também muito usada, é pelo uso de dívida conversível em participação, ou, mais especificamente, mútuo conversível em participação. Quando a operação é realizada por meio de dívida conversível, há uma redução do risco para o investidor, uma vez que será um credor e não um sócio da sociedade, tendo, portanto, prioridade em caso de liquidação. Em contrapartida a este risco menor, pode ser alterado o valor do investimento (leia-se, o investidor deverá aportar mais recursos para fazer jus ao mesmo percentual que teria caso realizasse o aporte como aumento de capital) e, além disso, a influência do investidor na gestão será limitada, uma vez que não é um sócio.

Vale mencionar que isto não impede que o investidor exiga alguns direitos especiais no mútuo, tais como (i) veto em deliberações (voto afirmativo) para incorrer em outras dívidas ou aumentar o capital da sociedade; (ii) direito de eleger um membro do conselho de administração; (iii) vedação na mudança do objeto social; (iv) direito de preferência para aporte em próximas rodadas; (v) *lock-up*; (vi) put option; (vii) tag along (mais detalhes a seguir); (viii) prestação de contas; (ix) não diluição – *down-round*, entre outras condições. , Outra vantagem de ser realizado o aporte por meio de dívida conversível é que os juros pagos podem ser deduzidos do imposto de renda, caso a startup pague o IRPJ no lucro real.

Condições para realização do aporte — as partes possuem ampla liberdade para determinar como o aporte será pago (a vista, a prazo ou em "*tranches*"). Neste sentido, é comum que seja feito a prazo de modo a viabilizar o pagamento de valor adicional (vide seção 7.2.1.1 abaixo) ou permitir, caso existam contingências relevantes que os sócios garantam estas contingências com o valor ainda não recebido do aporte.

Destino dos recursos aportados — o valor do investimento pode ser direcionado para os sócios ou para a sociedade. No primeiro caso, há a modalidade de investimento chamada de *cash out*, na qual o investidor adquire ações dos sócios. No segundo caso, há o chamado investimento *cash in*, no qual o investidor subscreve um aumento de capital da sociedade.

Evidentemente, o destino do valor aportado é extremamente relevante para o investidor e para os sócios. De tal modo, tratando do contexto de startups, é mais comum que o investimento seja na modalidade *cash in*, para que seja utilizado na sociedade. Contudo, não é impossível que seja acordado um sistema misto (parte do investimento é *cash in* e parte é *cash out*).

Por fim, destaca-se que no vencimento mútuo/dívida conversível, o investidor poderá optar em exigir o pagamento da dívida ou "converter", sendo esta a transformação da sociedade limitada para uma sociedade anônima e ocasião em que o investidor se tornará definitivamente um sócio. É, assim, comum, no ato da conversão, realizar os instrumentos para tal operação, como a ata de transformação e o boletim de subscrição das ações, se for o caso, como o acordo de acionistas.

PRINCIPAIS DIFERENÇAS
SAFE

- Promessa de Participação Futura
- Formato Contratual
- Prazo Indeterminado: sem data de vencimento
- Estrutura mais enxuta
- Preços menores de transação

CONVERTIBLE
• Dívida com juros conversível • Formato de dívida • Prazo Determinado: com data de vencimento • Estrutura mais complexa • Custos um pouco mais elevados de transação
EQUITY
• Participação Direta • Custos Elevados

7.2. Acordo de acionistas

Como mencionado anteriormente, acordos de acionistas são contratos parassociais que podem ser celebrados entre os sócios para regular a relação entre si e com a sociedade. De tal modo, é normal que seja celebrado um acordo de acionistas no âmbito de uma operação de investimento. Isto porque se faz uso da prerrogativa legal de poder vincular o voto das partes nas deliberações da sociedade.

7.2.1. Regras contratuais comuns

7.2.1.1. Definição de preço

7.2.1.1.1. Enterprise value, equity value e dívida líquida

Não existe nenhum tipo de indicação legal que determine como deve ser calculado o valor de um investimento. Porém uma opção possível é utilizar o chamado *equity value*, descrito a seguir:

Equity Value – É o valor da empresa que cabe aos sócios. De tal modo, é calculado pela diferença do valor da empresa (também chamado de *enterprise value*) e da dívida líquida.

Dívida líquida — Corresponde ao valor total de dívidas da empresa descontados caixa e equivalente. Em outras palavras, é o valor total das dívidas que não podem ser pagas de imediato com recursos disponíveis na empresa.

Enterprise value — Literalmente, significa o valor da empresa. A determinação deste número é o grande desafio para a avaliação de *startups*, isto porque, como mencionado anteriormente, o futuro de *startups* tem alto grau de ambiguidade. Neste sentido, apresenta-se algumas abordagens possíveis para tentar determinar o valor de empresas.[77]

Abordagens com base em ativos — Buscam equiparar o valor dos ativos disponíveis ao valor da empresa. São exemplos desse tipo de abordagem: valor contábil ajustado e valor de substituição dos ativos.

Abordagens com base no mercado — Utilizam avaliações de situações análogas para determinar o valor da empresa. Este tipo de abordagem depende da existência

77 Do ponto de vista técnico, há a possibilidade do uso de um quarto tipo de abordagem, com base em modelos de dívidas contingentes, mas por ser utilizado com menos frequência, não será abordado.

dessas situações análogas, também chamadas de comparáveis (empresas do mesmo ramo, transações semelhantes, etc.). Outro problema desse tipo de abordagem é que partem do princípio de que as avaliações dadas aos comparáveis foram boas. São exemplos de abordagem desse tipo: múltiplos de indicadores (*e.g.* múltiplo de EBITDA) e transações semelhantes.

Abordagens com base em rentabilidade futura — Uso de modelos matemáticos para determinar o quanto de recurso o negócio vai gerar com base na extrapolação de métricas do resultado do negócio. O valor presente desta expectativa de rentabilidade é equiparado ao valor da empresa. É um exemplo de abordagem desse tipo: fluxo de caixa descontado.[78]

No caso específico de startups, pode haver complexidades inusitadas para a escolha da abordagem e do método de avaliação. Isto porque cada tipo de abordagem parte de alguns pressupostos e aproximações sobre o que seria o valor da empresa. Por exemplo, abordagens com base em ativos somente serão confiáveis à medida que a atividade depender do uso de ativos. Contudo, muitas vezes os bens mais valiosos da sociedade são propriedade intelectual, que não são mensurados com facilidade. Consequentemente, o uso de abordagem de ativo traria um resultado pouco confiável. Já abordagens com base em rentabilidade dependem da existência de receita e partem da premissa de que a receita irá evoluir de determinada maneira. Contudo, é comum que *startups* cres-

78 Para uma abordagem mais profunda sobre todas as abordagens de avaliação, incluindo a de dívidas contingentes, vide: Parrino, Robert. "Escolhendo a abordagem de avaliação correta." *CFA Institute Conference Proceedings*. Vol. 2005. No. 4. *CFA Institute*, 2005.

çam de maneira imprevisível ou que, por muito tempo, não tenham nenhum tipo de receita, o que simplesmente inviabilizaria utilizar uma avaliação de múltiplo de EBITDA ou qualquer outra do gênero. Por fim, considerando o caráter de inovação de startups, abordagens de mercado podem sofrer pela falta de comparáveis confiáveis.

7.2.1.2. SAFE (*Simple Agreement for Future Equity*) e modelos de pagamento adicional e ajuste do valor do investimento

Como visto anteriormente, é uma tarefa árdua determinar sequer o método de avaliação a ser utilizado, quem diga às premissas e valores específicos que estes deverão utilizar. A consequência desta dificuldade é que a avaliação da startup possui grande margem de erro, o que pode dificultar a negociação entre o investidor e os sócios, uma vez que cada um buscará utilizar e estará convencido que certo método de avaliação e certas premissas, mais benéficas para si, são as mais adequadas ao caso. Não se argumenta que as partes estão de má-fé, mas sim que há uma série de fenômenos psicológicos em jogo, tais como os vieses de otimismo e de auto conveniência, que acabam por fazer cada parte subconscientemente ser mais parcial a seu favor.[79]

Para evitar esses impasses e para tentar postergar a definição do valor do investimento para o momento futuro no qual estarão disponíveis mais informações, é possível utilizar mecanismos de precificação futura ou

---

79 Há diversas pesquisas empíricas que mostram como esses vieses acabam dificultando as negociações. Vide, por exemplo: Babcock, Linda, e George Loewenstein. "*Explaining bargaining impasse: The role of self-serving biases.*" *The Journal of Economic Perspectives* 11.1 (1997): 109-126.

pagamento adicional (pode ser feito para os sócios ou para a sociedade).

O cerne deste mecanismo é condicionar a definição do valuation da sociedade a uma rodada futura de investimento, quando já se tenha maior detalhamento sobre o projeto e menos incerteza sobre os produtos/serviços a serem comercializados, bem como o respectivo modelo de negócios. O conceito foi inicialmente proposto e adotado pela aceleradora Y Combinator na California, que criou modelos de SAFE (*Simple Agreement for Future Equity*). Visando facilitar o acesso de empreendedores *early stage* a capital, recentemente a Comissão de Startups da OAB/RJ criou um modelo tropicalizado para o arcabouço jurídico brasileiro. Há também discussões legislativas para melhoria das regras legais aplicáveis ao tema.

Outra forma de tratar o tema é estabelecer o aporte de um valor extra de investimento em virtude do atingimento de metas pré-estabelecidas. Consequentemente, a discussão sobre a rentabilidade futura da empresa é evitada, uma vez que o pagamento com base nessa rentabilidade será postergado para quando as partes efetivamente souberem qual é o valor.

Em outras palavras, considerando que o valor do investimento dependerá de um dado futuro (crescimento do faturamento, por exemplo), pode-se estabelecer um valor de investimento diferente para cada um dos cenários possíveis, fixando-se o preço com base no cenário mais conservador como base e utilizando a diferença como um pagamento adicional. O resultado deste arranjo é que ambas as partes estarão satisfeitas com o combinado, uma vez que cada uma estará sobre a impressão de que sua estimativa é a correta e, portanto, que pagará ou receberá o preço desejado.

É comum também que este pagamento adicional seja feito diretamente aos sócios, como forma de alinhamento de incentivos. Valendo mencionar que é possível condicionar este pagamento adicional, além do atingimento de metas específicas, a outros fatores, como, por exemplo, se o sócio fundador ainda continuar na sociedade.

Uma cautela que deve ser tomada na definição desses mecanismos de pagamento adicional ou ajuste no valor do investimento é utilizar metas que possam ser verificadas sem custo e de maneira objetiva por ambas as partes, de modo a evitar discussões sobre se o pagamento adicional é ou não devido.

7.2.2. Declarações

Não há dúvidas que, em uma operação envolvendo startups, os sócios têm muito mais conhecimento sobre os aspectos dos negócios do que o investidor potencial. Esta disparidade no conhecimento das partes gera uma situação de assimetria de informação. Uma consequência desse tipo de situação é o fenômeno chamado de seleção adversa.

Diz-se que ocorre seleção adversa quando uma das partes de uma negociação (um vendedor de carros usados; os sócios de uma startup) tem informações sobre a qualidade do objeto da negociação (o carro usado é bom ou ruim; a startup tem ou não riscos jurídicos grandes) e, com base nessa informação, somente entra em negociações que lhe são benéficas. Prevendo esse comportamento, a outra parte (o comprador do carro; o investidor) fará ofertas considerando que não sabe qual a qualidade do objeto e, consequentemente, a parte com a informação particular somente virá a aceitar a oferta caso a qualidade seja ruim.[80]

Uma das maneiras de evitar a seleção adversa é pela divulgação da qualidade do objeto. No caso de startups, os sócios deverão compartilhar com o investidor os detalhes sobre os riscos e contingências mais relevantes da sociedade (processos trabalhistas, tributos em mora, falta de patente, etc.) para que sejam mapeados os riscos da startup. Nota-se que o aspecto relevante não é inexistirem riscos ou contingências, mas sim que estes sejam devidamente compartilhados com o investidor.

7.2.3. Garantias e regras de indenização

Como pode ter sido percebido na seção anterior, simplesmente fazer declarações não é o suficiente para evitar a seleção adversa, afinal é possível mentir. Dessa forma, é necessário que os sócios venham a garantir suas declarações ou o passado da sociedade. Se a garantia for suficiente para cobrir os riscos estimados pelo investidor, este não precisará desconfiar das declarações.

Operacionalmente, os sócios se comprometem a indenizar a sociedade por qualquer passivo ou contingência não divulgados (*i.e.* não utilizados para calcular a dívida líquida) que venha a se materializar.

Estando acordado este dever de indenizar, o investidor poderia passar a ter confiança nas declarações.

80 Como mencionado, seleção adversa é um tópico muito estudado e de extrema relevância. De tal modo, seria impossível fazer uma exposição completa do tema. Recomenda-se fortemente o aprofundamento sobre o tema. Para tal, vide: Akerlof, George A. "*The Market for 'Lemons': Quality Uncertainty and the Market Mechanism.*" O Jornal Trimestral de Economia, vol. 84, no. 3, 1970, pp. 488-500.; e Laffont, Jean-Jacques, e David Martimort. *The theory of incentives: the principal-agent model.* Imprensa da Universidade de Princeton, 2009.

Contudo, ainda há o risco de que surjam contingências e que os sócios não tenham recursos para pagá-las, o que tornaria inútil a obrigação de indenizar. De tal modo, para dar certeza ao investidor, ainda é possível que os sócios garantam a obrigação de indenizar a sociedade. Esta garantia pode assumir algumas formas:

Holdback — É a possibilidade de o investidor compensar as contingências materializadas com as parcelas ainda não pagas do investimento. A desvantagem desta abordagem é que o pagamento a prazo pode ser desvantajoso para a empresa e para os sócios, que podem ter necessidade imediata de recursos. Além disso, o pagamento a prazo também implica possibilidade de o investidor não vir a cumprir essa obrigação.

Escrow account — Esta é a solução meio termo entre o *holdback* (ou retenção) e o não oferecimento de garantia. *Escrow account* (conta garantia) é basicamente o depósito do valor a prazo do investimento em uma conta de um banco especialmente contratado para prestar esse serviço e, com o passar do tempo, o saldo da conta será liberado para a sociedade ou para o investidor, a depender da materialização de contingências. A desvantagem deste método é que o valor depositado não poderá ser usado por nenhuma parte enquanto não for liberado.

Outras garantias — Além dos anteriores, podem ser definidas também garantias estabelecidas em lei, a serem oferecidas pelos sócios (para garantir a obrigação de indenizar) ou pelo investidor (para garantir que irá fazer o aporte a prazo). São exemplos dessas garantias: alienação fiduciária de imóvel ou de ações, hipoteca, aval, etc.

Deve-se mencionar também a possibilidade de não serem oferecidas declarações ou de os sócios não se comprometerem a indenizar a sociedade. Neste caso há a chamada operação com "porteira fechada" e o valor da operação será negativamente impactado para refletir o risco elevado.[81]

7.3. Transferência de ações

7.3.1. *Tag-along*

O *tag-along*, ou direito de venda conjunta, é a faculdade atribuída a uma das partes de vender suas ações nas mesmas condições que outra parte tenha acordado com terceiro. Normalmente, o exercício desse direito é condicionado à venda de um percentual mínimo de ações ou a transferência do controle da sociedade.

Há duas modalidades de *tag-along*, o integral e o proporcional. No direito de venda conjunta integral, o detentor do direito, caso acionado o gatilho, pode vender a totalidade das suas ações, independentemente do percentual vendido pela outra parte. O *tag-along* integral geralmente é estabelecido em favor do minoritário contra o controlador, de modo a garantir que poderá deixar a sociedade em caso de mudança de controle.

Já no *tag-along* proporcional, o detentor do direito poderá vender um percentual de suas quotas igual ao

81 Observa-se que a expressão "porteira fechada" se aplica melhor para aquisições, mas também pode ser utilizado em investimentos. De qualquer modo, é possível afirmar que no caso de investimento, uma vez que os sócios não deixam a empresa, o impacto no preço da operação ser realizada com "porteira fechada" é menor do que em uma aquisição, considerando que nessa os sócios saem da empresa e, consequentemente, não partilham mais os riscos com o investidor.

percentual das quotas vendidas pelo outro acionista. Este percentual pode ser sobre o total de ações do acionista (*e.g.* uma parte tem 60% das ações da companhia e vende 40% de suas ações, a outra parte que tem 40% poderá também vender 40% de suas ações na mesma operação, ou seja 16% das ações totais da companhia) ou sobre o total de ações da companhia (*e.g.* uma parte tem 60% das ações e vende 30% das ações totais da companhia, a outra parte que tem 40% das ações poderá vender em conjunto 30% das ações totais da companhia).

7.3.2. *Drag-along*

Também conhecido como direito de arraste, é o direito reverso ao *tag-along* no sentido que o vendedor poderá obrigar as outras partes a venderem suas ações nas mesmas condições. Em geral, o *drag-along* somente pode ser acionado quando uma parte vende a totalidade de suas ações e obrigará todos os demais a venderem a totalidade de suas ações também.

Este direito geralmente é exigido pelo investidor como forma de facilitar sua saída da sociedade, isto porque um potencial adquirente provavelmente preferirá adquirir a totalidade da sociedade, não somente o controle. O motivo disso é evitar com que tenha que lidar com acionistas minoritários que não conhece.

Ao estabelecer este direito em um acordo de acionistas, deve-se tomar cuidado para limitar as hipóteses de exercício a vendas realizadas a terceiros, para evitar que o detentor do direito acione a cláusula ao alienar suas ações para uma afiliada e conseguindo adquirir todas as ações dos demais por preço abusivo.

7.3.3. Direito de preferência

É o direito de uma parte cobrir a oferta de terceiro que pretenda adquirir as ações de outro sócio.

7.3.4. Direito de primeira oferta

O direito de primeira oferta, ou *right of first offer* (ROFO), em inglês, é um mecanismo similar ao direito de preferência, com a diferença que o acionista que pretende alienar suas ações não precisa ter uma oferta de terceiro para pedir uma oferta da outra parte. Caso a outra parte realize uma oferta, esta se torna um valor mínimo para que a venda possa ser realizada a terceiro.

Tratando da prática do exercício do ROFO e do direito de preferência, pode-se afirmar que, na maioria dos casos, o acionista vendedor já tem uma oferta de terceiro antes de acionar o ROFO, de modo que a única diferença entre os dois direitos é a possibilidade de o acionista remanescente ter conhecimento ou não da oferta do terceiro, o que permitiria ao acionista vendedor maximizar o preço.

7.3.5. Opção de compra

A opção de compra (*call*), no contexto do direito societário, é um mecanismo que permite a seu detentor comprar um número determinado de ações dos demais acionistas a um preço determinado. Observa-se que não é necessário saber o preço exato para o exercício da opção no momento que o direito é acordado, mas deve estar definido o critério para determinar o valor.

Este direito tem diversas possibilidades de uso, a depender do mecanismo que for estabelecido para seu exercício.

7.3.6. Opção de venda

A opção de venda (*put*), no contexto do direito societário, é um mecanismo que permite a seu detentor vender um determinado número de suas ações aos demais acionistas por um preço determinado. Observa-se que não é necessário saber o preço exato para o exercício da opção no momento que o direito é acordado, mas deve estar definido o critério para determinar o valor.

Este direito tem diversas possibilidades de uso, a depender do mecanismo que for estabelecido para seu exercício.

7.3.7. Proteção contra diluição

Uma preocupação ao conceder direitos nominalmente no âmbito de acordos de acionistas é criar situações nas quais, mesmo extremamente diluído, um acionista continua conseguindo exercer uma influência desproporcional nos negócios da companhia.

O mecanismo normalmente utilizado para prevenir este tipo de situação é atribuir os direitos a um percentual determinado de quotas (por exemplo, o acionista com ao menos 30% das ações poderá vetar determinada deliberação). Um problema com esta solução é que alterações nas proporções de quotas podem acabar modificando o equilíbrio dos direitos negociados no âmbito do acordo.

Uma alternativa aos anteriores é usar simultaneamente ambos os mecanismos, ou seja, atrelar o exercício de um direito tanto a pessoa do acionista quanto a um percentual mínimo de ações (por exemplo, acionista "A" terá direito a eleger dois membros do conselho enquanto detiver 40% das ações da sociedade).

Por fim, há ainda outras formas mais indiretas de evitar os problemas mencionados, tal como alterar quórum para aprovação de aumento de capital, estabelecer direito de veto sobre aumentos, etc.

7.4. Governança

7.4.1. Reunião prévia

Como visto anteriormente, uma das grandes vantagens do acordo de acionistas é permitir a vinculação do voto no âmbito da sociedade, mesmo que contra a vontade da parte.[82] Deve-se mencionar, porém, que para este mecanismo ser plenamente efetivo, é necessário que o sentido que o voto deve ter na deliberação já esteja definido pelo acordo de acionistas. Em outras palavras, somente é possível vincular o voto de uma parte se o acordo dispuser qual o sentido que deve ser exercido o voto.

82 Lei das Sociedades por Ações (L 6.404/76):
Art. 118. Os acordos de acionistas, sobre a compra e venda de suas ações, preferência para adquiri-las, exercício do direito a voto, ou do poder de controle deverão ser observados pela companhia quando arquivados na sua sede.
(...)
§9º — O não comparecimento à assembleia ou às reuniões dos órgãos de administração da companhia, bem como as abstenções de voto de qualquer parte de acordo de acionistas ou de membros do conselho de administração eleitos nos termos do acordo de acionistas, assegura à parte prejudicada o direito de votar com as ações pertencentes ao acionista ausente ou omisso e, no caso de membro do conselho de administração, pelo conselheiro eleito com os votos da parte prejudicada.

Uma forma de contornar isto, é estabelecendo um mecanismo de reunião prévia, para que seja fixado o sentido que o voto deve ser tomado.

Em determinados casos (*e.g.* quando o acordo prevê que a deliberação será tomada isoladamente por um acionista e os demais se comprometem a aprovar, como é normalmente o caso do direito de eleger e destituir membro do conselho de administração), o acordo já é capaz de, independentemente de reunião prévia determinar o sentido do voto, porém muitas vezes não é possível prever as situações previamente, fazendo-se necessária uma reunião prévia.

7.4.2. Veto e quórum qualificado

Muitas vezes, há interesse de estabelecer que certas matérias especialmente relevantes vão depender de um consenso maior entre os acionistas ou até mesmo unanimidade (p. ex: aumento de capital, dissolução, empréstimos acima de determinado valor, etc.). O método para estabelecer esse tipo de consenso é pela criação, no âmbito da reunião prévia a deliberação, de quóruns qualificados ou de direitos de veto.

Deve-se notar que quórum qualificado e direito de veto são idênticos no sentido que uma parte acabará por bloquear uma deliberação. A diferença é na alocação do ônus da inércia. No direito de veto, a parte deve se manifestar expressamente contra a deliberação. Já no quórum qualificado, a parte pode simplesmente deixar de comparecer a deliberação e a matéria não poderá ser aprovada por falta de quórum.

7.4.3. Eleição de administração

Uma regra bastante comum em acordos de acionistas é a determinação de como será composta e eleita a administração da sociedade. A variação mais comum desta regra é estabelecer que cada parte terá direito de isoladamente eleger e destituir livremente um número determinado de membros do conselho de administração.

Em alguns casos, pode ser indicado também estabelecer critérios para limitar a escolha do membro do conselho de administração de cada parte e garantir um conselho de administração mais técnico. Uma cautela que deve ser tomada é definir critérios objetivos (deve ter mestrado ou doutorado na área de atuação da empresa ou em área de finanças, por exemplo) e deixar claro como e se a escolha da parte pode ser contestada pelas demais.

Outra opção é determinar a indicação conjunta de membros do conselho de administração. Esta alternativa é pouco utilizada porque depende de consenso, o que pode vir a gerar impasse.

Por fim, observa-se que todo anterior pode ser aplicado também a escolha da diretoria da sociedade, embora seja comum delegar essa escolha para o conselho de administração.

7.4.4. Impasses

Principalmente no contexto de startups, no qual a resposta rápida é fundamental, impasses de decisão entre as partes podem ser extremamente prejudiciais ao negócio. Para evitar que impasses paralisem as atividades da sociedade, pode-se adotar alguns mecanismos contratuais.

A alternativa mais utilizada é a chamada cláusula de *shotgun*, também conhecida como *buy-or-sell* ou direito de compra ou venda. Esta regra contratual é a possibilidade de, verificado o impasse, uma das partes determinar um preço único pelo qual está disposta a comprar a totalidade das ações da outra parte ou vender a totalidade de suas ações. Em seguida, a outra parte escolhe se quer vender ou comprar as ações pelo valor estabelecido.

A grande vantagem desta cláusula é que evita qualquer tipo de discussão de preço, uma vez que a parte que define o valor não sabe se irá vender ou comprar as quotas.

Evidentemente, a cláusula não é perfeita e possui uma série de limitações. Em primeiro lugar, é extremamente definitiva, de modo que, se acionada, uma das partes irá se retirar da sociedade, o que pode ser prejudicial se a execução do negócio depender da colaboração de ambas.

Em segundo lugar, uma das partes pode simplesmente não estar interessada em correr o risco de adquirir ou vender todas as suas ações. Pensa-se no exemplo de um investidor minoritário. Não faria sentido um acionista não envolvido diretamente na operação e com somente 20% das ações adquirir todas as ações do controlador e fundador da sociedade. Nestes casos, pode ser interessante estabelecer uma opção de compra ou uma opção de venda que possa ser acionada em caso de impasse. Neste caso, deve-se tomar cuidado para definir o valor do exercício.

Por fim, a cláusula de *shotgun* (e a opção de compra ou opção de venda com gatilho de impasse) pode ser abusada; imagina-se o caso de uma parte com significantemente mais poder econômico do que a outra (como normalmente é o caso entre os sócios de uma startup e os investidores). Neste cenário, a parte com mais recursos pode forçar um impasse e acionar a *shotgun* por um valor que não pode ser coberto pela outra parte, efetivamente expulsando-a da sociedade. Isto pode ser especialmente ruim se ocorrer perto de algum evento de liquidez. Uma forma de mitigar esse risco é permitindo que o preço do *shotgun* seja pago a prazo, como forma de permitir que a parte com menos recursos possa buscar alguma forma de financiamento.

7.4.5. Preferência nos dividendos

Este direito é uma forma de buscar garantir um retorno mínimo ao investidor. Operacionalmente, o que ocorre é que o beneficiário terá direito a receber, antes dos demais, determinada parcela do dividendo.

A depender de como é instituída, essa garantia pode ser mais forte. Primeiramente, é possível que seja combinada com um dividendo mínimo (ou seja, a sociedade deve distribuir ao menos determinado valor todo ano). Outro fator que pode ser considerado é a possibilidade ou não do dividendo preferencial ser compensado (por exemplo, o investidor deve receber os R$ 100.000,00 em dividendos, os R$ 100.000,00 seguintes são distribuídos igualmente entre todos os sócios incluindo o investidor, ou os R$ 100.000,00 seguintes caberão unicamente aos fundadores?).

Por fim, menciona-se a possibilidade de condicionar o início do exercício deste direito a um lapso temporal ou a qualquer outra condição (por exemplo, o investidor somente terá direito ao dividendo preferencial após 3 anos ou a partir do momento que a empresa atingir R$ 1.000.000,00 de faturamento).

TIPOS DE CONSELHEIROS	
INTERNOS	Conselheiros que são diretores ou empregados da organização.
EXTERNOS	Conselheiros sem vínculo atual com a organização, mas que não são independentes. (Por exemplo, sócios ou empregados do grupo controlador, ex-executivos ou empregados, advogados e consultores que prestam serviços à organização.)
INDEPENDENTES	Conselheiros externos que não possuem relações familiares, de negócios ou de qualquer outro tipo com sócios com participação relevante, grupos controladores, executivos, prestadores de serviços ou entidades sem fins lucrativos.

Fonte: Cassio Spina

CONSELHO DE ADMINISTRAÇÃO

Normalmente composto por **representantes de investidores relevantes** (em termos de participação %), empreendedor(es) e membro(s) independente(s).

Tem **papel "deliberativo"** nas decisões por "votação" (eventuais direitos a veto/voto afirmativo são individuais dos investidores).

Composição usual:

- Quantidade equivalente de representantes de investidores x empreendedores (ex: 2 x 2, 3 x 3)
- Desempate/presidência do conselho (chairman) normalmente designado a um membro independente escolhido em comum acordo entre investidores e empreendedores.

Fonte: Cassio Spina

CONSELHO CONSULTIVO

Normalmente composto por **investidores anjo** enquanto ainda não ocorre a conversão em participação direta.

Tem **papel "deliberativo"** nas decisões que tem direito a veto/voto afirmativo
► não se aplica para "votação"

Composição usual:
• 1 ou 2 investidores anjo líderes do grupo
• empreendedores

Fonte: Cassio Spina

7.5. Regras de saída

7.5.1. *Registration rights*

Este é um direito normalmente exigido pelo investidor como forma de garantir sua saída da sociedade. Em resumo, corresponde a faculdade de uma parte exigir que sejam tomadas providências para que a sociedade emita valores mobiliários, ou, mais especificamente, que faça uma emissão pública de ações, de modo a permitir ao investidor a venda de suas ações no mercado de capitais. Por ser um direito muito forte, os sócios devem ser cuidadosos para condicionar o exercício dos *registration rights* a algum marco relevante.

7.5.2. Opção de venda e garantia de retorno mínimo

Um dos usos possíveis da opção de venda é como uma garantia de retorno mínimo para o investidor, que poderá vir a exercer a opção contra os sócios. Neste sentido, o exercício do direito pode estar vinculado a performance abaixo do esperado. Devem ser tomadas todas as precauções mencionadas anteriormente.

7.5.3. *Liquidation preference*

Liquidation preference ou preferência na liquidação, em português, é um direito que pode vir a ser exigido pelo investidor de receber seu retorno de forma preferencial, antes de qualquer distribuição aos fundadores ou demais acionistas. Tal direito costuma ser aplicável em eventos de liquidez (como forma de garantia de um retorno mínimo) ou caso a sociedade venha a ser extinta, de maneira que o investidor receba o valor referente a suas ações antes dos demais sócios. Como boa parte das *startups* sucumbem e acabam sendo liquidadas, é bastante importante ter cautela na negociação de um direito deste tipo.

N8 TIPOS DE DESINVESTIMENTOS

1. **Comprador Estratégico**
2. **Venda para Estratégico**
3. **IPO**
4. **Novos Investidores**
5. **Acquihire/Recompra (MBO)**
6. **Liquidação ("Fire Sale")**
7. **"Write-off"**

Fonte: Cassio Spina

7.6. Resolução de conflitos

7.6.1. Conciliação e mediação

Mediação e conciliação são formas de resolução de conflitos nas quais há um terceiro facilitador sem poder de decisão.[83] Pode ser estabelecido por cláusula contratual que, antes da instauração de qualquer procedimento arbitral ou judicial, as partes devem se submeter a conciliação ou mediação.

A possível vantagem deste tipo de cláusula é a possibilidade de a questão ser resolvida amigavelmente, poupando os custos financeiros e de tempo de um procedimento judicial ou arbitral. Contudo, há a possibilidade de que as partes não cheguem a um acordo, o que faria com que a conciliação só tivesse adicionado custos e demora ao conflito.

Contudo, a mediação e conciliação tem a vantagem de que são formas hábeis de solução de impasses negociais (leia-se, que não podem ser levados à arbitragem ou ao judiciário por não serem questões jurídicas). De tal modo, uma cláusula compromissória de conciliação ou mediação pode ser uma boa alternativa a *shotgun* ou a alguma outra cláusula do gênero.

7.6.2. Arbitragem e justiça comum

Em casos de dúvidas interpretativas ou lacunas no acordo de investimento ou no acordo de acionistas, a

83 Apesar de existir diferença entre mediação e conciliação, usar-se-á os termos indistintamente.

discussão das partes pode ser levada ao judiciário ou à arbitragem.

Resumidamente, arbitragem é como um judiciário privado, com a diferença de ser confidencial e das partes poderão eleger árbitros especializados no tema, o que garante uma decisão mais acertada. Além disso, arbitragem é significantemente mais custosa que o judiciário.

Este último fator deve ser levado em consideração no caso de startups, uma vez que, possuindo o investidor mais recursos financeiros, o procedimento arbitral poderia criar a possibilidade de o investidor "ganhar a briga no fôlego" ao prolongar a arbitragem e drenar os recursos financeiros dos sócios.[84]

Duas alternativas intermediárias ao uso de arbitragem tradicional ou judiciário são utilizar convenções processuais, um instituto introduzido pelo novo Código de Processo Civil que permite às partes dispor sobre o processo a ser seguido pelo juiz, ou arbitragens *fast-track*, que são procedimentos arbitrais simplificados, mais rápidos e, consequentemente, de menor custo. Uma desvantagem, contudo, do procedimento *fast-track* é que as partes ficam limitadas de explorar profundamente todos os argumentos, o que pode ser prejudicial em casos complexos.

7.7. Executivos-chave (*key man*)

Muitas vezes, principalmente em estágios iniciais, o maior bem da startup é sua equipe. Isto não impede o

84 Vale destacar o modelo criado pela Delos Dispute Resolution, câmara de arbitragem inovadora que criou um sistema premiado internacionalmente que pode ser mais rápido e menos custoso que as câmaras tradicionais.

investidor de realizar um investimento, porque não está investindo em um negócio, mas sim nas pessoas.

Neste cenário, o investimento é extremamente arriscado, uma vez que o sucesso do negócio pode estar dependendo da continuidade das pessoas na empresa. Como forma de mitigar esse risco, o investidor pode exigir que seja estabelecida cláusula que obrigue determinadas pessoas a permanecerem vinculadas à sociedade.

Esta obrigação pode ser estabelecida tendo como contrapartida o pagamento de parte do preço, bonificação em dinheiro, multa, ou ainda ser condição para exercício de opção de compra ou até mesmo a manutenção ou perda de direitos dentro da governança da sociedade (por exemplo, redução na lista de vetos, etc.).

Por fim, deve-se notar que também é comum que sejam estabelecidas cláusulas de *non compete* ou SOPs no âmbito de acordos de investimento. Contudo, não serão mencionados nesse momento, uma vez que os temas já foram tratados anteriormente.

► Anexo 1: Quadro Comparativo - Definição de Startups pelo Mundo

BRASIL	FRANÇA	ITÁLIA	ESPANHA	PORTUGAL
10 (dez) anos de inscrição no Cadastro Nacional da Pessoa Jurídica (CNPJ)	Criado há menos de oito anos	Tenha sido estabelecida há não mais de sessenta meses; Resida na Itália ou num dos Estados-Membros da União Europeia ou nos Estados aderentes ao Acordo sobre o Espaço Económico Europeu, desde que tenha uma unidade de produção ou uma sucursal em Itália;	Ser recém-criado ou, não sendo recém-criado, quando não houver transcorrido mais de cinco anos da data do registro no Registro Mercantil, ou Registro Competente de Cooperativas, da escritura pública de constituição, com em geral, ou sete no caso de biotecnologia, energia, industriais e outros setores estratégicos ou que tenham desenvolvido tecnologia própria, concebido inteiramente em Espanha, o que será determinado através da ordem a que refere-se ao artigo 4.1	Exerça atividade por um período inferior a 10 anos;

BRASIL	FRANÇA	ITÁLIA	ESPANHA	PORTUGAL
Receita bruta anual de até R$ 16.000.000,00.	Uma pequena ou média empresa, ou seja, que emprega menos de 250 pessoas, e que realizou um volume de negócios inferior a 50 milhões de euros durante o exercício, reduzido ou aumentado 12 meses, quando aplicável, ou seja, um balanço total inferior a 43 milhões de euros. O quadro de pessoal da empresa é avaliado por referência ao número médio de trabalhadores ao serviço durante o exercício	A partir do segundo ano de atividade da start-up inovadora, o valor total da produção anual, resultante das últimas demonstrações financeiras aprovadas no prazo de seis meses a contar do final do exercício, não exceda 5 milhões de euro.	Não ter surgido de operação de fusão, cisão ou transformação da empresas que não são consideradas empresas start-up. Os termos concentração ou segregação são considerados incluídos nas operações anteriores	Tenha um volume de negócios anual que não exceda os 50 milhões de euros

BRASIL	FRANÇA	ITÁLIA	ESPANHA	PORTUGAL
Organizações empresariais ou societárias, nascentes ou em operação recente, cuja atuação caracteriza-se pela inovação aplicada a modelo de negócios ou a produtos ou serviços ofertados	Seu capital é detido continuamente pelo menos 50%: a. por pessoas físicas; b. ou por sociedade nas mesmas condições cujo capital seja detido em, pelo menos, 50% por pessoas singulares;	Entende-se por sociedade em fase de arranque inovadora, a seguir designada "empresa em fase de arranque inovadora", a sociedade anónima, também constituída sob forma de cooperação, cujas ações ou unidades representativas do capital social não estejam cotadas num mercado regulamentado ou num sistema de negociação multilateral	Não distribuir ou mandar distribuir dividendos, ou devoluções no caso de cooperativas	Empregue menos de 250 trabalhadores
	Não for constituída no âmbito de concentração, reestruturação, ampliação de atividades preexistentes ou incorporação de tais atividades	Não distribua nem tenha distribuído lucros; Tenha, como objeto social exclusivo ou predominante, o desenvolvimento, a produção e a comercialização de produtos ou serviços inovadores de elevado valor tecnológico	Ter 60% da força de trabalho com contrato de trabalho na Espanha. Nas cooperativas serão computadas dentro do modelo, para efeito exclusivo do referido percentual, parceiros de trabalho e parceiros de trabalho, cuja relação é uma das natureza corporativa	Não resulte de uma cisão de uma grande empresa e não tenha no seu capital qualquer participação maioritária direta ou indireta de uma grande empresa.

BRASIL	FRANÇA	ITÁLIA	ESPANHA	PORTUGAL
	Incorreu em despesas de investigação, pelo menos, 15% das despesas, com exceção das perdas cambiais e dos encargos líquidos sobre vendas de títulos negociáveis, dedutíveis do imposto de renda deste exercício. Para o cálculo deste rácio não são considerados os gastos incorridos com outras jovens empresas inovadoras com projetos de investigação e desenvolvimento; b. Ou seja dirigido ou detido diretamente, em pelo menos 10%, isoladamente ou em conjunto, por estudantes, titulares há menos de cinco anos de diploma conferindo o grau de mestre ou doutor, ou pessoas afetas a atividades de ensino ou investigação, e tem como principais atividade é a promoção de trabalhos de investigação em que estes dirigentes ou	Não tenha sido estabelecido por uma fusão, cisão ou como resultado da venda de uma empresa ou sucursal de uma empresa;	Desenvolver um projeto de empreendedorismo inovador que tenha como modelo negócio escalável	Tenha sede ou pelo menos 25 trabalhadores em Portugal

BRASIL	FRANÇA	ITÁLIA	ESPANHA	PORTUGAL
	sócios tenham participado, durante a sua escolaridade ou no exercício das suas funções, no âmbito de uma instituição de ensino superior habilitada a emitir diploma que confira pelo menos o grau de mestre. As condições em que se organiza esta promoção constam de um acordo celebrado entre a empresa e o estabelecimento de ensino superior, cujo conteúdo e termos são especificados por decreto do Conseil d'Etat. Este decreto define nomeadamente a natureza dos trabalhos de investigação objeto do contrato, os serviços de que a empresa pode beneficiar e as modalidades de remuneração do estabelecimento de ensino superior	Atenda a pelo menos um dos seguintes requisitos adicionais: as despesas de pesquisa e desenvolvimento sejam iguais ou superiores a 15% do valor mais alto do custo e do valor total da produção da start-up inovadora. As despesas com a compra e aluguel de imóveis são excluídas do cálculo das despesas de pesquisa e desenvolvimento. Para efeitos desta medida, para além das disposições das normas contabilísticas, devem também ser contabilizadas entre as despesas de investigação e desenvolvimento as seguintes despesas: despesas relacionadas com o desenvolvimento pré-concorrencial e concorrencial, tais como a experimentação, prototipagem e desenvolvimento do plano de atividades,		Ser uma empresa inovadora com um elevado potencial de desenvolvimento, com um modelo de negócio, produtos ou serviços inovadores, enquadrando-se nos termos definidos pela Portaria n.º 195/2018, de 5 de julho, ou à qual tenha sido reconhecida idoneidade pela ANI-Agência Nacional de Inovação, S. A., na prática de atividades de investigação e desenvolvimento ou certificação do processo de reconhecimento de empresas do setor da tecnologia

BRASIL	FRANÇA	ITÁLIA	ESPANHA	PORTUGAL
		despesas relacionadas com os serviços de incubação prestados por incubadoras certificadas, custos brutos de pessoal interno e consultores externos empregados em atividades de investigação e desenvolvimento, incluindo acionistas e diretores, honorários advocatícios para registro e proteção de bens intelectuais, termos e licenças de uso. As despesas resultam do último orçamento aprovado e são descritas nas notas às demonstrações financeiras. Na ausência de um orçamento no primeiro ano de vida, a sua execução é assumida através de uma declaração assinada pelo representante legal da start-up inovadora;		Ter concluído pelo menos uma ronda de financiamento de capital de risco por entidade legalmente habilitada para o investimento em capital de risco sujeita à supervisão da Comissão do Mercado de Valores Mobiliários (CMVM) ou de autoridade internacional congénere da CMVM, ou mediante a aportação de instrumentos de capital ou quase capital por parte de investidores que não sejam acionistas fundadores da empresa, nomeadamente por business angels, certificados pelo IAPMEI – Agência para a Competitividade e Inovação, I. P. (IAPMEI, I. P.) Ter recebido investimento do Banco Português de Fomento, S. A., ou de fundos por este geridos, ou de um dos seus instrumentos de capital ou quase capital.

▶ Anexo 2: Glossário

A_

ACELERADORA DE STARTUPS

Como diz o nome, uma aceleradora de startup tem como objetivo acelerar o crescimento de uma startup. Estas organizações têm como fim encontrar negócios promissores, e em seguida apoiam os seus fundadores a consolidarem as suas ideias e estabelecerem os seus negócios no mercado. Geralmente, uma aceleradora torna-se sócia minoritária da startup e ajuda o negócio a ganhar forma e consolidar-se no mercado.

APORTE

Aporte ou Contribuição é outra denominação utilizada para descrever um investimento feito numa Sociedade. Uma contribuição financeira é um termo muito usado no meio societário. Geralmente ouve-se a afirmação: "aquela sociedade recebeu uma contribuição milionária".

B_

B2B

Este termo refere-se ao ato de uma sociedade vender produtos ou serviços a outras empresas. O termo provém do inglês e tem como significado literal "de negócio para negócio (Business to Business – B2B)". Uma Sociedade que vende softwares, como a IBM, por exemplo, foca a sua força de vendas em celebrar contratos com outras Sociedades. Portanto, o modelo de vendas da IBM é B2B.

B2C

Uma Sociedade que tem foco no cliente final é conhecida por ter um regime de atividade de "Business to Consumer" ou B2C.

BOOTSTRAPPING

É um processo no qual o próprio investidor financia o projeto por si criado, não havendo a necessidade de investimento de capital externo. A única entrada sem ser a do próprio investidor é a dos primeiros clientes. Ou seja, Bootstrap significa desenvolver uma startup utilizando apenas recursos próprios, sem recorrer a investidores externos.

BREAK EVEN

É o ponto de equilíbrio. Chegar ao break even significa que a partir desse momento a sociedade deixa de perder dinheiro e passa a ganhar e/ou equilibrar o capital inicialmente investido. Neste ponto não há ganho nem perdas. O capital inicialmente investido já foi recuperado.

BURN RATE

É um sinônimo de fluxo de caixa negativo. É utilizado para apresentar a velocidade que uma sociedade está a gastar o seu capital para financiar as despesas gerais antes de gerar um fluxo de caixa positivo. Existem dois tipos de Burn Rate: o bruto, que é a despesa total da sociedade num mês; e o líquido – mais utilizado – que é o valor perdido num determinado período. Exemplificando, uma Sociedade tinha $ 1 mil em caixa no dia 1º de janeiro e, após cinco meses, a 1º de junho, sobraram $ 500 mil na conta bancária. O Burn Rate, portanto, é de ($ 1mi – $ 500 mil)/5, ou de $ 100 mil por mês.

BUSINESS MODEL CANVAS

Geralmente utilizado na fase inicial de planejamento do negócio. Utilizado para definir o modelo de negócio a ser seguido. O "business model" apresenta as técnicas de interação que a startup irá utilizar para comunicar com os principais parceiros, as principais atividades, os recursos-chave, valor proposição, relação com clientes, canais de mercado, segmentos de clientes, estrutura de custos e receitas.

BUSINESS PLAN

É o plano de negócio da sociedade. Este documento deve conter os dados da sociedade e dos seus integrantes, bem como: a descrição do produto/serviço que a sociedade oferece, a análises de mercado feita pela sociedade, a sua estratégias de vendas, marketing e etc. O business plan também pode ser usado para apresentar a sociedade aos investidores.

BUY BACK

Quando uma sociedade é recomprada pelo fundador.

C_

CAP TABLE

A tabela de capitalização tende a mostrar a participação dos acionistas na Sociedade. Traduzindo de uma forma clara, o termo abreviado é proveniente de capitalization table é uma simples tabela onde estão descritos quem são os acionistas de uma sociedade, detalhando qual é a participação real de cada um destes sócios na Sociedade. A cap table é bastante utilizada por startup's que procuram manter-se organizadas e financeiramente saudáveis.

CAPITAL SOCIAL

O Capital social refere-se aos montantes de entrada, dos sócios ou acionistas, para o início da atividade. É uma cifra numérica, de valor constante, em dinheiro, expressa na moeda corrente.

CO-INVESTIMENTO

Um grupo de investidores que, em conjunto, partilhar os benefícios e os riscos de investir numa Sociedade. Este tipo de investimento é muito comum no ramo imobiliário, expandindo-se também para negócios em fase inicial, como startups.

COWORKING

Espaço ou local partilhado por profissionais de áreas e negócios diferentes, onde se incentiva a troca de ideias e experiências entre os presentes.

D_

DEAL BREAKER

Fator ou problema que impede ou acaba com uma negociação em fase avançada.

DUE DILIGENCE

É a fase onde as startups e os seus projetos são analisados pelas Aceleradoras de Startups ou por possíveis investidores que determinam se vale a pena o investimento. É um processo de investigação e auditoria das informações da Sociedade e é fundamental para confirmar os dados disponibilizados aos potenciais compradores ou investidores.

DRAG ALONG

É uma cláusula que exige que os sócios minoritários vendam suas ações quando o sócio maioritário o faz. O objetivo é fazer com que o comprador adquira 100% da Sociedade.

E_

EARLY STAGE FINANCING

É o primeiro financiamento que uma Sociedade recebe, quando se encontra numa fase inicial, antes mesmo de ter clientes ou produtos.

ELEVATOR PITCH

Em português é conhecido como "conversa de elevador" é o que gera a imagem inicial de uma Sociedade. Pitch é o ato de vender ou apresentar um negócio ou uma ideia de forma que conquiste e gere interesse por parte do ouvinte. Já o "elevator pitch" refere-se ao facto de apresentar um negócio em menos de um minuto ou 30 segundos, que é o tempo de uma conversa no elevador. A sua abordagem tem que ser tão boa e instigante quanto uma rápida conversa.

"EMPRESAS UNICÓRNIOS"

Quando falamos de unicórnios no mundo empresarial não nos estamos a referir ao animal fictício que tem a aparência de um cavalo. Neste caso, os "negócios unicórnio" são aqueles que têm um rápido crescimento destacando-se em pouco tempo.

F_

FREEMIUM

É um modelo de negócio em que o produto ou serviço, tipicamente digital, é oferecido gratuitamente. A forma de monitorização é feita por meio de aquisição de funcionalidades ou recursos adicionais, caracterizando utilizadores "premium". Por isso a palavra faz referência à junção de duas palavras Free (que significa grátis) + Premium (que se refere a produtos de alta qualidade).

G_

GROWTH HACKING

Trata-se do conjunto de práticas utilizadas por profissionais, normalmente por empresas digitais, que visam o crescimento acelerado do seu investimento. A palavra "growth" significa crescimento e o termo famoso "hacker" relaciona-se à pessoa que tem grande conhecimento na elaboração, programação e manutenção de sistemas informáticos. Especificamente, neste caso, domina mais a área de desenvolvimento e vendas de um produto ou serviço, fazendo com que a utilização pelo público seja feita de forma agradável, precisa, crescente e lucrativa. Ou seja, Growth Hacking visa o crescimento rápido e contínuo de uma startup.

GROWTH CAPITAL

É o investimento feito quando a sociedade já atingiu um estado mais maduro tendo já entrado no mercado e efetivamente já tem uma reputação junto dos consumidores. Este investimento serve para apoiar o crescimento das sociedades que já estão no mercado.

H_

HURDLE RATE

É a taxa mínima de retorno que o investidor espera que um investimento seja considerado viável. A expressão tem ligação com a ideia de superar obstáculos (hurdles) que devem ser ultrapassados pelo investidor. A ideia é que a taxa mínima de retorno supere o investimento efetivo. Suponhamos que a hurdle rate é de 8%, um projeto calculado com um retorno superior a 10% já pode ser pensado ou projetado.

I_

INVESTIDORES-ANJO

Os Investidores Anjos são investidores privados que investem financeiramente em startups. Investidores-anjos investem de 5% a 10 % de seu patrimônio em novas sociedades. Além de oferecerem apoio financeiro, também partilham com as startup a sua experiência e conhecimento de mercado.

INCUBADORA

São locais com infraestruturas dotadas para que novas startups consigam desenvolver as suas ideias e projetos. Em geral estas incubadoras estão associadas a Universidades. A diferença entre incubadora e aceleradora de startups? As duas são organizações que visam ajudar investidores a criar e desenvolver as suas empresas. A principal diferença entre os dois é o modelo de negócio. Enquanto a Fábrica de startups é privada e tem fins lucrativos, a incubadora é mantida por instituições públicas e não visa o lucro.

IPO

Dá-se quando uma sociedade abre seu capital e entra na bolsa de valores. A Initial Public Offering (Oferta Pública Inicial, em inglês), ou IPO de uma sociedade é sempre um passo importante. A sociedade distribui ações na bolsa de valores, permitindo aos acionistas adquirir partes consideráveis da sociedade. Deixa de pertencer a apenas um único sócio ou acionista (ou grupo) e passa a ter acionistas.

L_

LEAN STARTUP

A palavra lean significa "enxuto" e quando se refere a uma startup relaciona-se com a estratégia ou método de encontrar, identificar e eliminar os desperdícios (tanto relacionados aos processos, validação do negócio e execução) a fim de que se chegue a um "modelo lean", ou seja, enxuto que reduza ou elimine gastos desnecessários. O investidor Eric Reis ficou famoso ao lançar o livro "Lean Startup" que explica de forma detalhada um método que ensina a otimizar os resultados e pode ser aplicado nas sociedades.

LOVE CAPITAL OU LOVE MONEY

É o investimento financeiro feito por familiares, amigos e etc. Quem investe ou cede o capital, normalmente, costuma fazer uma análise subjetiva – tendo em conta sentimentos – e não uma avaliação racional e objetiva.

M_

MASH UP

Este termo surgiu na área musical para se referir a uma mistura de diferentes estilos musicais. Nos negócios, mash up significa combinar dois ou mais serviços ou produtos distintos para criar um novo.

MENTORES

Em geral são profissionais do mercado, investidores ou empresários que têm muita experiência em determinada área ou segmento do ramo e tentam passar esse conhecimento para as pessoas que estão a começar os seus negócios ou precisam de insights para aperfeiçoar um investimento.

MVP (MINIMUM VIABLE PRODUCT)

É um produto que é lançado no mercado numa versão alfa ou beta. Ao invés de serem lançados no estado final, são colocados à disposição do público, por meio de testes em muitos casos, a fim de obter feedbacks e analisar a aceitação dos consumidores antes de se chegar ao produto final. Este processo ajuda na validação do negócio.

N_

NDA (NON-DISCLOSURE AGREEMENT)

É um acordo de confidencialidade. São contratos que as startups fazem com os seus credores/parceiros para estes aceitarem o sigilo da negociação/ideia que está a ser desenvolvida.

O_

OUTSOURCING

É a terceirização de um posto de trabalho. Em geral os motivos para essa terceirização são: economia de custos e confiar a tarefa em trabalhadores mais especializados, permitindo uma flexibilidade para determinadas tarefas que são pontuais.

P_

PRIVATE EQUITY

É um modelo de investimento de grande escala realizado por fundos visando sociedades que não têm ações na Bolsa de Valores. Semelhante ao venture capital, mas com maiores dimensões, o Private Equity normalmente é reconhecido como uma etapa posterior ao venture capital.

PITCH

Apresentação rápida e breve do negócio, produto ou de ideias aos investidores com o intuito de convencê-los a investir no negócio.

PIVOT

Pivot significa alterar o rumo da sociedade geralmente testando hipóteses, mantendo a base para não perder a posição já conquistada, mas visando uma nova área de atuação ou até mesmo um novo modelo de negócios. Esta estratégia de alterar o rumo de uma sociedade é utilizada depois de testar a viabilidade do negócio ou após uma mudança drástica no setor que afeta os resultados da sociedade ou até à procura por serviços ou produtos oferecidos.

R_

ROUND

É o nome dado a uma rodada de investimento. O primeiro investimento é denominado de "Round A", o segundo é o "Round B", e assim por diante.

S_

STARTUPS

É complexo definir uma startup. Uma definição comumente utilizada é a de uma empresa de base tecnológica, em fase inicial, à procura de um modelo de negócios repetível e escalável, trabalhando em condições de extrema incerteza.

SEED CAPITAL/INVESTIMENTO SEMENTE

É o investimento que é feito no início da criação de uma sociedade. Os valores investidos são menores e o risco nessa fase tende a ser bem maior.

SHAREHOLDER

Nome dado aos titulares de ações numa Sociedade.

SPIN-OFF

É a formação de um novo negócio com base em inovações ou produtos criados por uma Sociedade-mãe. Normalmente, os primeiros funcionários de uma spin-off trabalharam na Sociedade-mãe durante o desenvolvimento do projeto.

T_

TERM SHEET

Uma Term Sheet é um documento, que mostra os termos e condições básicas de um investimento ainda em suas tratativas iniciais.

V_

VALOR DE MERCADO

Valor de uma sociedade, determinado na maioria das vezes por investidores, independentemente de estar em funcionamento ou não.

VENTURE CAPITAL

Conhecido como capital de risco, é um investimento feito em sociedade que estão em estado inicial, mas que têm alto potencial de crescimento. Os investidores – tradicionalmente na forma de sociedades – passam a ter participação societária no negócio. Com o capital, as startups estruturam as suas operações sem depender do fluxo de caixa, que geralmente é inexistente ou baixo nesta fase.

Fonte: ACE Startups

▶ Bibliografia

AKERLOF, George A. "The Market for 'Lemons': Quality Uncertainty and the Market Mechanism." The Quarterly Journal of Economics, vol. 84, no. 3, 1970, pp. 488–500.

BABCOCK, Linda, and George Loewenstein. "Explaining bargaining impasse: The role of self-serving biases." The Journal of Economic Perspectives 11.1 (1997): 109-126.

BAUMOL, William J. "Welfare Economics and the Theory of the State." The encyclopedia of public choice. Springer US, 2004. 937-940.

BEDÊ, Marco Aurélio (Coord.). *Sobrevivência das empresas no Brasil*. Brasília: SEBRAE, 2016.

BENVENUTTI, Maurício. Os Incansáveis. Ed. Gente. 2016.

BOOKER, Christopher. The seven basic plots: Why we tell stories. A&C Black, 2004.

ELLIS, Charles. The Partnership: The Making of Goldman Sachs. Penguin Books. 2008.

GRANT, Adam. Originais. Ed. Sextante. 2016.

ISAACSON, Walter. Steve Jobs. Ed. Companhia das Letras. 2011.

LAFFONT, Jean-Jacques, and David Martimort. The theory of incentives: the principal-agent model. Princeton university press, 2009.

PARRINO, Robert. "Choosing the Right Valuation Approach." CFA Institute Conference Proceedings. Vol. 2005. No. 4. CFA Institute, 2005.

PATEL, Neil. "90% Of Startups Fail: Here's What You Need To Know About The 10%." Forbes, Forbes Magazine, 2 Sept. 2015.

RIES, Eric. A Startup Enxuta. Ed. Leya. 2011.

ROBEHMED, Natalie. "What Is A Startup?" Forbes, Forbes Magazine, 15 May 2015,

RODRIGUEZ, Salvador. "The Real Reason Everyone Calls Billion-Dollar Startups 'Unicorns'." International Business Times, Business Times, 3 Sept. 2015.

SOMMER, Svenja C., Christoph H. Loch, and Jing Dong. "Managing complexity and unforeseeable uncertainty in startup companies: An empirical study." Organization Science 20.1 (2009): 118-133.

TORRES, F. Mais investimentos na indústria de capital semente. Revista Inovação em Pauta, 4a Edição. 2008. pp 13-15.

__________. Mais investimentos na indústria de capital semente. Revista Inovação em Pauta, 4a Edição. 2008. pp 13-15.

VILICIC, Filipe. O Clique de Um Bilhão de Dólares. Ed. Intrínseca. 2015.

Eletrônicas

ANDRADE, Raphael. Disponível em: https://www.conjur.com.br/2019-set-19/opiniao-disciplina-desvio-finalidade-codigo-civil, acessado em 18/04/2022.

BASU, Zachary. "How This 21-Year-Old Became a Dorm-Room Millionaire." CNBC, CNBC, 16 Aug. 2017, www.cnbc.com/2017/08/16/millennial-students-are-leaping-into-franchising.html.

BOSS-BICAK, Shira. "Franchisees With Advanced Degrees." The New York Times, The New York Times, 2 June 2005, www.nytimes.com/2005/06/02/business/franchisees-with-advanced-degrees.html.

"CVM Regulamenta Crowdfunding De Investimento." CVM, Comissão De Valores Mobiliários, 13 July 2017, www.cvm.gov.br/noticias/arquivos/2017/20170713-2.html.

"Folheto informativo sobre o Bovespa Mais" BM&FBOVESPA, BM&FBOVESPA. Disponível em: http://www.bmfbovespa.com.br/pt_br/listagem/acoes/segmentos-de-listagem/bovespa-mais/?tabIndex=3. Acessado em: 08/10/2017.

CARNEIRO, Isabelle da Nóbrega Rito e SILVA, Luiza. Caldeira Leite. LGPD e startups: como preparar seu negócio? Disponível em: <https://www.jota.info/opiniao-e-analise/colunas/regulacao-e-novas-tecnologias/lgpd-e-startups-como-preparar-seu-negocio-29092018>. Acesso em: 06 fev. 2019.

D'ANDREA, Edgar, BATISTA, Eduardo e JURICIC, Maressa. LGPD: o que muda na prática com a Lei 13.709/18. Disponível em: https://www.pwc.com.br/pt/sala-de-imprensa/artigos/lgpd-muda-pratica-plc-53.html. Acesso em: 07 fev. 2019.

______. LEI Nº 13.709, DE 14 DE AGOSTO DE 2018. Disponível em: <<http://www.planalto.gov.br/ccivil_03/_ato201518/2018/lei/L13709.htm&gt>Acesso em: 06 fev 2019.

______. MEDIDA PROVISÓRIA Nº 869 DE 2018. Disponível em:< https://www.congressonacional.leg.br/materias/medidas-provisorias/-/mpv/135062.>. Acesso em: 07 fev. 2019.

FONTINELLE, Amy. "What Exactly Is a Startup?" Investopedia, Investopedia, 3 Dec. 2012.

GENERAL DATA PROTECTION REGULATION ("GDPR"). REGULAMENTO DA UNIÃO EUROPEIA Nº 2016/679. Disponível em:< https://eugdpr.org/>. Acesso em: 07 fev. 2019.

GILMORE, Lauren. "7 Niche Dating Sites to Make Valentine's Day Less of a Disappointment." The Next Web, The Next Web, 14 Feb. 2017, thenextweb.com/apps/2017/02/14/7-niche-dating-sites-make-valentines-day-less-disappointment/#. tnw_gGc2VKYX.

"Google Não Deve Eliminar Dos Resultados Imagens e Vídeos De Xuxa Nua." Migalhas, 29 Sept. 2014, www.migalhas.com.br/Quentes/17,MI208402,21048-Google+nao+deve+eliminar+dos+resultados+imagens+e+videos+de+Xuxa+nua.

HAGAN, Margaret D., User-Centered Privacy Communication Design (June 22, 2016). Proceedings of the Symposium on Usable Privacy and Security (SOUPS) 2016, Denver,

Colorado, June 22-24, 2016. Disponível em SSRN: https://ssrn.com/abstract=2981075.

HILL, Kashmir. "How Target Figured Out A Teen Girl Was Pregnant Before Her Father Did." Forbes, Forbes Magazine, 31 mar. 2016, www.forbes.com/sites/kashmirhill/2012/02/16/how-target-figured-out-a-teen-girl-was-pregnant-before-her-father-did/#561890966686.

MADANAPALLE, Aditya. "Big Data and Psychographic Profiling Helped Donald Trump Win the US Presidential Election." FirstSpot, FirstSpot, 31 Jan. 2017, www.firstpost.com/tech/news-analysis/big-data-and-psychographic-profiling-helped-donald-trump-win-the-us-presidential-election-3696847.html.

NIEVA, Richard. "YouTube Started as an Online Dating Site." CNET, 14 Mar. 2016, www.cnet.com/news/youtube-started-as-an-online-dating-site/.

"Regulamento de Listagem e de Aplicação De Sanções Pecuniárias do Bovespa Mais." BM&FBOVESPA, BM&FBOVESPA. Disponível em: www.bmfbovespa.com.br/pt_br/regulacao/regulamentos-e-manuais/#item-2. Acessado em: 08/10/2017.

SILVA, Fabiane Peres da. "Desconsideração Da Personalidade Jurídica: Teoria Maior e Teoria Menor." Jus.com.br, Jus Navigandi, 5 Nov. 2016, jus.com.br/artigos/40707/as-teorias-menor-e-maior-da-desconsideracao-da-personalidade-juridica.

STROHMEYER, Robert. "The 7 Worst Tech Predictions of All Time." PCWorld, PCWorld, 31 Dec. 2008, www.pcworld.com/article/155984/worst_tech_predictions.html.

"The Truth about 'Any Color so Long as It Is Black.'" Development Experience, OpLaunch, 1 May 2015, oplaunch.com/blog/2015/04/30/the-truth-about-any-color-so-long-as-it-is-black/.

WAKKER, Peter P. *Prospect theory: For risk and ambiguity*. Cambridge university press, 2010.

Fonte:
Klavika (título)
Georgia (texto)